COFFEE CASTING

커피캐스팅

커피 그 이상_ 함께 숨쉬다

안광중

성균관대 대학원 EMBA 석사 , 동국대학원 경영학 석사(마케팅전공) 학위를 취득했다.
㈜샤인위드컴페니언 이사이자 국내 1호 커피캐스팅 디렉터, 커피감정사 인스트럭터, 마스터오브카페대회 심사위원, WYBC(세계유소년바리스타챔피언십) 대회 후원이사, 커피비평가협회 이사, IWCA(세계여성커피동맹) 회원이다.
커피 산지의 진솔한 삶을 소개하고 자연과 사람의 공평한 생존을 위해 공정무역의 가치를 알리는 강연가로도 활동하고 있다. 경기도청, 경기도인재개발원, 충남대학교, 강릉커피축제 등에서 강연을 했다.
소설산문집 《우중산보》를 썼고, 〈월간 커피〉, 〈월간 커피앤티〉 등에 다수 원고를 기고했다.

커피의 시작_카메룬
㈜샤인위드컴페니언
www.smallfarmercoffee.com

2014년 설립된 국내 유일 카메룬 농부 직거래 커피 수입유통 기업이다.
한국공정무역협의회 회원사로서 '용인시 공정무역도시만들기운동 모임'을 꾸리고 있다.
사회적기업 및 기술우수 인증기업(커피 제조 및 가공)이며 디자인커피제조법을 특허출원했다.
고용 및 후원 협약 : 명륜보육원, 사회복지재단 성심원, 푸른꿈쉼터
교육 및 상품개발 협약 : 커피비평가협회, ㈜세상에없는세상
기부 펀딩 : 카메룬 커피농부 지원과 보육시설 후원 기금 마련(네이버 해피빈, 2021.9~10)
수상 : 2017년 마스터오브카페대회(원두 부문) Top5, 2021년 마스터오브카페대회(콜드브루 부문) Top10, 국회의원상(지역사회공헌)

COFFEE CASTING

커피캐스팅

커피 그 이상_ 함께 숨쉬다

안광중 지음

책머리에

매년 커피 산지를 갈 때마다 글을 남겼습니다. 외롭고 두렵기도 했던 시간에 글은 의지가 되었습니다.

커피 산지에 있던 매 순간 메모를 했습니다. 때론 한 걸음 앞도 보이지 않는 어둠을 발등에 올려놓고 걸었습니다. 하루 종일 소복하게 쌓인 타박한 먼지와 땀에 젖어 돌아온 숙소는 유리같이 차가운 물밖에 나오지 않았습니다. 종일 빈속이었지만 손끝 하나 움직이기 싫고 몸을 어찌할 수 없어 누웠는데, 허물어진 침대 스프링은 삐걱거리며 지친 몸을 뒤척이게 했습니다. 전기 공급이 그나마 안정적인 새벽, 침대 밑에서 무언가 기어 올라올 것만 같은 침침한 불빛 아래에서 메모했던 단어들을 문장으로 연결하며 아침을 맞았습니다.

피곤한 몸보다 보고 느끼며 삼켜버린 생각을 다시 글로 토해 내는 것은 매번 고통스러운 일이었습니다. 알아듣기 힘든 언어를 듣고 답하기 위해 작은 솜털까지 곤두세웠고, 고양이 걸음으로 모든 것을 살펴야 했던 시간은 하루 종일 시험을 치르는 것 같았습니다. 험한 산골을 찾아다니느라 굶었던 빈속은 삶의 이야기들로 채워졌습니다.

커피가 좋아서, 커피에 빠져서 커피를 시작했던 것이 아니어서 커피보다는 늘 다른 것이 보였습니다. 사람들과 마당의 신발, 어질러진 부엌의 그릇들이 먼저 눈에 들어왔습니다. 그래서 더욱 그들 삶 속의 커피가 궁금해졌고, 그들의 역사를 알아야 했습니다. 이런 과정을 통해 그들의 커피에 '사람'을 담을 수 있었습니다.

이 책은 카메룬과 커피 산지에서 보고 배우게 된 커피 교재이며, 커피와 함께 살아가는 사람들에 대한 기록입니다. 생명의 위험을 무릅쓰고 삶을 이어가고 있는 카메룬의 힐탑 농부들과 그들이 포기하지 않도록 길을 열어주며, 나에게 삶의 진정한 의미와 가치를 늘

일깨워 주는 마티(Matti) 씨와 현장에서 묵묵히 모두를 이끌고 있는 나의 형제 어네스트(Ernest), 그리고 동료들과 농부들에 감사를 드립니다. 또 농부들의 그늘이 되어주었던 보베 은감(Bobe Ngam) 님의 명복을 빕니다.

글을 쓰는 것은 현재의 작은 기록들을 역사에 남겨두는 일입니다. 부족한 이 글이 커피나무의 고향인 카메룬과 카메룬 커피에 대한 관심, 더 많은 연구로 이어지기를 바랍니다. 그리고 새로운 세계로 커피와 사람들을 찾아 길을 떠나려는 또 다른 커피캐스팅 디렉터들에게 나침반이 되기를 소망합니다. 엄중한 마음으로 정보를 찾고 늘 기록으로 남겨두려 한 이유입니다.

2014년 어렵게 카메룬 커피 샘플을 들고 찾았던 낯선 이에게 선뜻 커피를 주문해 주셨던 '보헤미안'의 박이추 선생님, 언제나 믿고 관심과 지원을 아끼지 않으시며 건강이 좋지 않음에도 2018년 카메룬의 힘든 일정을 함께 해주신 '바오밥나무'의 이종신 선생님, 카메룬 커피 수입 초기부터 늘 응원해 주며 함께 해주고 계신 '베토벤하우스와 슬로우각'의 남우선 대표님, 커피비평가협회 박영순 회장님, (사)Acts29 폴 배 대표님께 이 자리를 빌려 감사를 드립니다. 그리고 한국에서 낯선 카메룬 커피 보따리를 들고 카페 문을 열고 들어왔던 저를 내치지 않고, 따뜻한 커피 한 잔과 긴 이야기를 끝까지 들어주었던 모든 분들에게 이 책으로 고마움을 남깁니다.

2022년 1월

안광중

'함께 빛나는' 지속가능한 커피 모델로 확산되길

카메룬 힐탑 농부직거래조합 **마티 폰차(Matti Foncha)**

7년 전인 2014년 12월 말, 보요 커피 센터를 방문한 후 고향인 바멘다로 돌아오는 길에 바쁘게 길을 따라 걷는 두 명의 아시아인을 보았다. 이미 늦은 오후였는데, 그 중 한 명은 건기인 이곳의 먼지를 가리기 위해 코와 입에 두건을 쓰고 있었다.

그날 저녁, 현장 운영 코디네이터인 어네스트 응감 암볼라(Ernest Ngam Ambola)로부터 전화가 걸려왔다. 어떤 방문자가 우리 시설에 왔고, 우리가 하고 있는 일에 깊은 인상을 받아 우리 활동에 대해 더 알리고 싶다고 했다는 것이다. 그들이 내가 오후에 보았던 그 두 사람이었다는 걸 알았다.

어네스트가 그들의 연락처를 알려줘 그날 밤 안광중 씨와 그의 사업 파트너인 최 씨와 통화했다. 다음 날 그들을 집으로 초대해 커피 샘플을 보여주고 우리의 비즈니스 모델을 설명했다. 생두의 품질과 수분 상태를 확인하면서 우리의 이야기는 고품질 커피를 생산하는 데 걸리는 노력과 기술을 중심으로 진행되었다. 두 사람은 한국에서 커피 산업이 어떻게 진화하고 있는지, 그리고 상호 이익이 되는 무역 관계를 구축할 수 있는 기회에 대해 설명했다. 그들이 한국으로 떠나기 전에 우리는 알롱시(Alongsi)에 있는 농장을 방문해 커피를 함께 마셨다. 신뢰, 우정, 협력의 여정의 시작이었다.

안광중 씨의 파트너 최 씨는 한국으로 돌아가고 몇 달 지나지 않아 자신은 돈을 벌기 위해 커피를 하는 것이지, 가치 있는 일에 시간과 돈을 낭비하고 싶지 않다며 회사를 떠났다고 전해왔다. 반면 안광중 씨는 공통의 관심사와 공유가치가 반영된 기업으로 사명을 변경했다고 했다. 그는 자신의 영어 이름이 '샤인(shine)'이며, 새로운 회사명은 '샤인위드컴페니언(Shine With Companion; 함께하는 이들과 같이 빛나다)'이라고 말했다. 그 무렵 우리는 농민들이 만든 농민단체를 설립하고 있었다. 마을 단위의 농부들이 공동 이니셔티브 그룹(CIG)을 만들었고, 이 CIG들은 연합을 형성했다. 퇴사한 최 씨는 그 이후에도 북서협동조합(NWCA)을 자극해 힐탑 농부직거래 커피의 한국 수입을 지속적으로 방해했다. 하지만 2015년 우리들이 수확한 커피는 2016년 샤인위드컴페니언에 첫 선적이 되었다. 이후 매년 지속적이고 끈끈한 유대감으로 끊을 수 없는 관계를 구축해 오고 있다.

우리의 관계는 협업과 상호 존중을 기반으로 하며, 신뢰와 투명성으로 결속돼 있다. 우리의 농부들과 시장 파트너들에게 사회적, 경제적 가치를 창출한다. 품질 좋은 제품, 장비와 인프라의 개선, 농장 관행의 표준화 등 모든 것이 가치를 더하고 투자와 협업의 기회를 제공하고 있다. 농부들은 시장의 위험과 이익을 파트너와 공평하게 공유하는 전문가로 자리매김했다.

'샤인(안광중)'을 만나기 훨씬 전에 나는 SNS에 '#함께 일하는(workingtogether) #우리 세상을 변화시키는(changingourworld)'이라는 해시태그를 통해 비즈니스 관계에 대한 접근 방식과 희망을 표현해 왔다. 샤인위드컴페니언은 이를 충족시켜 왔다. 이 모델이 카메룬에서 커피 생산을 지속하는데 필요한 새로운 세대의 농부들에게 인센티브를 줄 수 있는 최선의 선택으로 받아들여지고 확산되기를 바란다.

커피사냥꾼이 아닌 재배자들 삶 속으로

커피비평가협회 **박영순** 회장 | 《커피인문학》 저자

2015년 3월쯤 안광중 이사를 처음 만났을 때가 기억난다. 카메룬에서 막 돌아온 직후였다. 약간 수줍은 듯 천진난만하게 웃는 모습을 보고 '생텍쥐페리의 어린 왕자가 자랐으면 이런 모습이겠구나' 하고 속으로 피식 웃었다. 그를 만나본 사람들은 그의 선한 눈에서 곧 마음을 보게 된다.

안 이사가 준 감동은 사실 이어지는 인사말에서 더욱 깊이 나의 가슴으로 스며들었다. 그땐 커피 산지를 다니며 재배자들과 협력을 도모하던 사람들을 '커피 헌터(Coffee Hunter)'라고 부를 때였다. 커피를 찾아 정글과 험한 산악지대를 어슬렁거리는 모습이 날짐승을 찾아 헤매는 사냥꾼을 연상케 한 탓이다. 커피 산지를 직접 찾아다니는 사람들이 많지 않은 터여서 '커피 헌터'라고 불리는 것에 어깨를 으쓱대기도 했다.

"저는 콜롬비아와 하와이, 에티오피아, 케냐를 다닙니다. 혼자 모두 다닐 수 없으니 앞으로 카메룬은 안 이사님께 여쭙겠습니다. 커피 헌터끼리 자주 뵙지요"라고 말을 던지는 순간 그의 표정을 잊지 못한다. 그는 반갑게 안부 인사로 화답하면서도 말미에 이렇게 말했다. "커피 헌터라는 게 좀 부담스럽습니다. 저는 캐스팅 디렉터라고 불러주세요. 커피는 잘 모릅니다. 사람들 만나러 가는 거예요."

순간 나는 헤르만 헤세의 싱클레어가 되는 듯했다. 사실 그 이후로 안 이사는 나에게는 데미안이다.

캐스팅(casting)은 '던지다'는 뜻이다. 하지만 그를 통해 '커피'가 붙으면서, 커피 캐스팅이란 '커피 재배자들의 삶 속으로 기꺼이 자신을 던지는 전문가'라는 새로운 정의를 갖게 됐다. 그 덕분에 카메룬 커피가 도착하면, 커피의 상태보다는 마티 폰차와 힐탑 농부들의 안부를 먼저 여쭙는 습관을 기를 수 있게 됐다. "커피보다 사람이 먼저다"는 소중한 가르침을 그에게서 배웠다.

이 책은 커피에 대한 것이 아니다. 사람에 대한 이야기이다. 오쿠-토론, 아케, 음베싸, 알롱시 커피농장을 언급할 때, 이 책은 커피 그늘 보다 진하게 패인 재배자들의 주름과 땀방울을 떠오르게 만든다. 멀리 황토빛 고운 토양과 근사한 석양 아래에서 자라는 카메룬 커피나무들을 보면서 커피 한 잔의 낭만을 떠올리는 행복도 분명 있다. 하지만 안 이사는 그 속에서 치열하게 살아가는 사람들을 보라고 우리를 이끌어 준다.

그의 발길을 따라 카메룬 사람들의 삶 속으로 들어가면 낭만의 커피는 마음을 울리는 감동의 커피가 된다. 커피 캐스팅디렉터, 안 이사의 카메룬 커피는 또 다른 의미에서 우리를 사유로 이끈다.

커피는 사람, 역사, 자연이 함께 버무려진 맛

서울대 지구과학교육과 **김찬종** 교수 | (전)국제지구과학교육학회 회장

커피는 매일 아침 나를 맞이한다. 향긋한 냄새, 산뜻한 신맛, 씁쓸한 쓴 맛, 아직 커피 맛을 잘 분별하는 수준에 이르지 못했지만 커피와 함께 시작하는 시간은 늘 차분함을 준다. 카메룬 블루마운틴 커피와의 인연은 '작은농부커피' 카페와 지리적 이점 덕에 시작되었다. 그 후 카메룬 커피를 무척 좋아하게 되었고 자주 마시지만, 사실 카메룬은 생소한 곳이다. 그동안 세계 여러 곳을 방문했지만, 카메룬은 지금도 가볼 생각조차 하지 못한다. 아프리카의 어딘가에 있는, 축구를 잘하는 나라 정도의 얄팍한 상식 밖에 가지고 있지 못했고, 카메룬 커피는 그저 커피의 하나일 뿐이었다.

커피 원두만 보고는 산지와 생산자에 대한 정보까지 알 수는 없다. 그저 향과 맛, 그리고 가격이 소비자 앞에 주어질 뿐이다. 그러나 이 책을 읽다 보면, 모든 사람이 그렇듯, 커피도 많은 이야기와 역사를 담고 있음을 깨닫게 된다. 신영복 교수는 《담론》에서 '아름다움이란 말은 앎의 상태이며, 미(美)는 각성'이라고 했다. 잘 알게 되면, 아름답게 보이고, 사랑하게 된다는 것이다. 어쩌면 이 책의 저자는 커피 못지않게 카메룬을 잘 알게 되고, 카메룬과 그곳 사람들과도 사랑에 빠진 게 아닌가 싶다.

이 책은 카메룬을 통해서 우리를 잠시 비정한 세계사 속으로 이끈다. 브라질 상파울로 어느 미술관에서 마주쳤던 인종의 전시장 같았던 참혹한 대서양 노예무역의 출발점은 카

메룬을 포함한 아프리카 서해안의 기니(Guinée) 만이었다. 유럽의 공산품은 아프리카로, 아프리카 노예는 아메리카로, 아메리카 농산물은 유럽으로 이동하는 삼각무역은 유럽의 자본축적과 산업혁명의 바탕이 되었지만, 카메룬을 포함한 아프리카는 지금도 분열, 가난, 내전에서 벗어나지 못하고 있다. 가해자들의 사과와 보상도 요원하다.

이 책에는 혼란과 내전의 어려움 속에서도 사회 재건과 농부들의 자립을 돕는 훌륭한 카메룬 지도자들의 감동적인 이야기와 카메룬 동부 고산 지역의 여러 마을과 커피농장들이 생생하게 소개되어 있다. 같은 블루마운틴 커피도 재배하는 마을과 농장의 고도와 토양 그리고 농부들의 삶 속에서 다양한 맛으로 익어간다는 것을 알게 해준다. 어쩌면 커피의 쓴맛, 신맛, 고소한 맛은 그 지역의 역사와 사람들이 자연과 함께 버무려진 맛이라고 이 책은 들려준다.

단순히 카메룬과 카메룬 커피에 대한 이야기를 넘어서서, 신자유주의적 시장경제 관행을 넘어서서 공정과 공평을 통한 상생의 철학을 담고 있기도 하다. 책을 읽고 나면 커피에 대한 모든 게 달라지게 될 것이다. 커피 한 잔에도 많은 사람들의 이야기와 애환이 담겨 맛을 내고 있음을 저자는 강한 생명력으로 전달한다.

더 나은 세상을 향한 커피캐스터의 소망

㈜베토벤하우스 **남우선** 대표 | 방송PD

커피나무가 무성한 산지를 가보면 구석에 열심히 키우고 있는 묘목들이 보인다. 커피 잎으로 발효한 거름 사이를 쏙쏙 뚫고 올라오는 파란 싹을 바라보는 농부들의 눈빛에는 마치 아기를 바라보는 듯 사랑이 가득하다. 싹 틔우고 옮겨 심고, 키워서 수확할 때까지 커피에는 그 땅의 공기와 바람과 비, 흘린 땀과 살아가는 이야기가 담긴다. 그러니 그런 생두를 정성스레 볶은 후 내려 마실 때 아로마에는 그들의 웃음소리가 귓가에 쟁쟁할 수밖에 없다.

커피업을 방송업과 같이 하고 있는지라 저자인 안광중 이사와 동행했던 카메룬 커피 산지 여행이 특히 기억에 남는다. 그와 다녀본 사람들은 누구나 느낄 것이다. '커피를 대하는 완전한 진정성', 경이롭기까지 한 그의 태도는 농부에 대한 존경에서 출발한다. 옆에서 지켜보면 놀랍기만 하다. 한결같이 농부들을 존중했으며 그들의 이야기를 경청하고 문제가 생기면 해결하고 어려움에 처했을 때는 도움의 손길을 내밀었다. 어느 농가에서 간단한 의약품이 모자란다면 다음 방문 때에는 그것을 꼭 챙겨가는 섬세함이 그 증거였다.

'올원프로그램(All One Program)'이라는 개념도 그런 인본주의적 가치철학에서 출발한다. 단순히 커피를 산지에서 싼값으로 사서 그 가치를 극대화할 수 있는 시장에 내다 파는 일반적 커피 수입업자의 모습과는 다르다. 노동의 정당한 가치를 매기고, 농부들의 공정한 거래가 약속된 방식을 준수한다. 다소 비싼 값으로 들여와서 그 가치를 아는 곳에만 파는 방식이다. 그래서야 어디 장사가 제대로 되겠느냐는 세간의 우려대로 그가 커피로 돈을 제대로 벌어본 적이 없는 사람이라는 건 일찍이 간파했다.

그가 꾸리고 있는 회사인 샤인위드컴페니언에서 수입하는 카메룬 생두는 내가 아는 한 가장 공정하고 양심적인 커피이다. 그런 덕에 제값을 쳐주면서 농부를 존중해주는 커피캐스터를 위해 산지농부는 더욱 질 좋은 커피를 생산하는 선순환이 지속되고 있다. 스페셜티커피만을 판매하는 우리 업장에서는 로스팅 시 유일하게 핸드 피킹이 필요 없는 깨끗하고 잘 생긴 생두, 바로 그의 커피가 메인이 되었다.

사업가라기보다는 연구원, 로스터이자 커피 수입업자라기보다는 성실한 수도사의 면모를 풍기는 사람. 그의 커피라면 늘 신뢰하지 않을 수 없고, 커피 맛은 베토벤하우스의 에스프레소 원두 블렌딩에서도 카메룬 아케(Akeh) 마을 커피를 60% 베이스로 넣는 이유가 되니 두말해 무엇하랴. 늘 변함없이 맛있다. 품질은 더 좋아져 왔다. 앞으로도 그럴 것이다.

카메룬 방문 시 농민들의 대대적 환영식을 지켜보면서 수익추구가 아닌 가치추구를 하는 사람에 대한 예우가 이런 것이구나를 감동적으로 느꼈다.

안광중 이사의 책에는 이런 기대가 반영돼 있다. 커피를 사랑하는 사람이 진정 커피를 사랑하는 사람들을 위한 '생각'이 내재된 책, 시중의 하고많은 커피서적들(모두 사서 읽고는 있지만 다음에 새 책이 나오더라도 이미 나온 책들의 범주 안에 머무르고 말 것이란 실망이 있다)과 출발점이 다른 책이다. 카메룬을 중심으로 산지에 얽힌, 가슴 아프거나 따뜻한 에피소드를 접해 나가는 동안 알게 되는 커피를 키운다는 일, 커피와 얽히고 커피로 바꾸어 갈 수 있는 더 나은 세상에 대한 커피캐스터의 소망이 담겨 있다.

부디 산지 커피농부들의 삶의 미소와 달콤한 커피 향이 책을 통해 더 널리 전해지길 바란다. 나는 기꺼이 커피 농부들을 다시 만나기 위해 그와 카메룬 여정에 다시 나선다. '카메룬 커피를 만나게 해주어서 그저 감사할 따름'인 나와 같은 생각을 하는 사람들에게 커피를 더 이해할 수 있는 기회를 주어 감사하다.

차례

\ 카메룬 커피 산지마을 지도 \

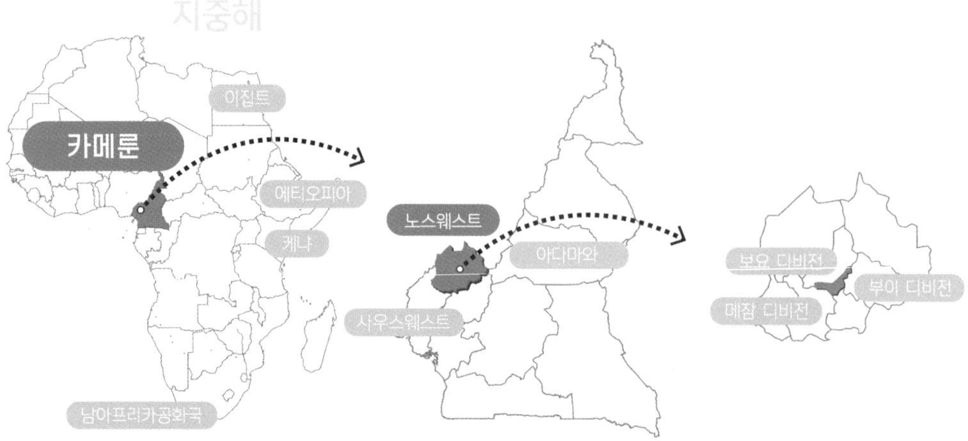

아프리카 AFRICA ············> 카메룬 CAMEROON ············> 노스웨스트 NORTHWEST

커피나무의 고향,
카메룬

커피에는 역사의 쓴맛이 배어있다

카메룬 국기

2014년 카메룬 두알라 공항 활주로는 잔뜩 머금었던 대서양의 뜨거운 습기를 토해내고 있었다. 공항은 거의 모든 시스템이 수동이었다. 승객들의 짐을 오르내리는 것도 모두 사람들이 들고 날랐고, 공항 대합실에는 에어컨도 없었다. 짐이 무사히 도착했기만을 바라며 초조하게 기다리는 시간이 길게 느껴졌다.

손잡이가 다 부셔진 카트에 짐을 옮겨 싣자마자 가방이 모두 풀어헤쳐진 채로 입국 검사를 받았다. 즉석 밥과 라면의 통관을 위해 20달러를 내놓아야만 했다. 첫 카메룬에 대한 기억이었고, 이후 매년 이와 유사한 일들을 연례행사처럼 겪었다.

아프리카 네이션스컵 우승 기념 카퍼레이드

영화 같은 축구, 곪았던 갈등

2017년은 세계 축구에서 무시할 수 없는 존재가 된 아프리카 대륙에서 진정한 축구의 자웅을 가리는 네이션스컵 대회가 열리고 있던 시기였다. 검은 돌풍의 원조라 할 만큼 1950년대 전설적인 마르첼부터 80년대 로저 밀라, 90년대 패트릭 음보마, 그리고 2000년대 사무엘 에투에 이르기까지 '불굴의 사자'라 불렸던 카메룬 축구는 최근 10여 년간 노쇠한 사자로 변했다.

카메룬 축구협회의 부정부패와 반복되는 대회 포상금 미지급, 대표 선수들간의 불화까지 겹치며 회생의 기미조차 보이지 않았다. 감독까지 떠나 버린 카메룬 축구는 2017년 아프리카 네이션스컵 대회를 목전에 두고 대표팀 감독을 트위터로 모집하는 지경에 이르렀다. 이렇게 발탁된

포르투갈 탐험가 '페르난도 포'가 우리(Wouri) 강을 '새우의 강(Rio dos Camaroas)'으로 명명한 것을 계기로 '카메룬(CAMEROON)'으로 불리기 시작했다.

휴고 부르스 감독은 유럽 리그에서 활약하고 있는 주전 선수들에게 소집을 요청했지만, 이들 모두가 거절했다.

그렇지만 영화 같은 사건이 일어났다. 무명의 선수들로만 구성된 카메룬 대표팀이 세네갈, 가나, 나이지리아 등 최강의 선수로 구성된 강호들을 차례로 꺾고 우승컵을 들어 올렸던 것이다. 나도 그날, 우승컵을 들고 도시를 도는 카퍼레이드 행렬에 있었다.

이렇게 카메룬 국민들이 공 하나에 시선이 집중되어있는 동안 그간 깊게 곪아 왔던 카메룬 내 역사적 문제가 터졌다. 정부의 일방적 프랑스식 헌법 개정과 프랑스식 교육 개정에 대해 시정을 요구하는 시민들을 향해 정부군이 총을 발사해 2~4명 이상이 죽고 수십 명이 부상당하고 구금되는 사건이 일어난 것이다. 정부는 이 사건이 해외로 전파되는 것을 막기 위해 이들 지역에 대해 인터넷을 차단했지만, 사태는 걷잡을 수 없는 양상으로 치닫고 있었다.

아프리카를 모두 품은 땅

아프리카 대륙의 중서부에 위치한 카메룬은 대서양을 품고 있으며 아프리카의 미니어처라고도 불린다. 북부 사바나지역부터 남부 열대우림 지역까지 200여 개의 부족이 불어(80%), 영어(20%), 토착어를 사용한다. 가톨릭(30%), 개신교(30%), 기타 종파(10%)와 이슬람교(20%) 애니미즘(10%) 등 다양한 종교를 믿고 있지만 다른 국가들과 다르게 종교적 갈등이 없다. 한국의 4.8배 크기의 땅에 2,700만 명의 인구가 살고 있다.

국기는 식민지배를 받지 않은 에티오피아 국기의 바탕색과 같지만 가로형인 에티오피아와 달리, 세로형으로 3가지 색을 구분했다. 왼쪽부터 녹색은 삼림지대와 희망, 빨강은 경작지대와 독립(통일), 노랑은 사바나 지대와 태양을 각각 상징한다. 가운데 노란색 별은 국가를 상징하는데, 당초 두 개였다가 하나의 카메룬이 되면서 1975년 한 개가 되었다.

카메룬 사람들의 손재주는 대단하고 경이롭기까지 하다. 다 닳은 트럭의 타이어 바닥을 조각도로 파서 새로운 트랙 홈을 만들고, 바위를 정으로 부숴 자갈로 만들어 팔았다. 우공이산(寓公移山)처럼 정말 산도 옮길 수 있을 것 같았다. 그들의 투박해 보이지만 정교한 조각상들은 각기 다른 표정들이 마치 살아있는 듯한데 오랜 시간 깊은 성찰과 인내가 없이는 나올 수 없는 것들이다.

'새우의 강(Rio dos Camaroas)'의 눈물

카메룬에는 신석기 시대부터 사람이 거주했는데, 바카(Baka) 부족이 가장 오랜 역사를 갖고 있다. 사오(Sao) 문명이 500년경 차드 호 부근에서 발생했고, 카넴(Kanem) 제국과 그를 계승한 보르누(Bornu) 제국 등으로 이어졌다.

1472년 포르투갈의 탐험가 '페르난도 포'가 도착한 우리(Wouri) 강에 새우가 많은 것에 놀라 '새우의 강(Rio dos Camaroas)'으로 명명한 것을 계기로 '카메룬(CAMEROON)'으로 불리기 시작했다. 하지만 아프리카의 중심에 위치한 지리적 환경은 자원의 수탈과 수많은 아프리카인들을 노예로 실어 나르기 위한 송출 항으로 이용되었다.

서부 고지대에서는 17~18세기 바밀레케 족과 바문 족이 문화를 발전시켰다. 중북부 사바나지대에는 18세기 이슬람화한 유목민, 폴라니 족이 침입해 추장국을 세웠고, 1806년 아다마와 왕국을 건설하며 번성했지만, 대서양 해안의 두알라 족이 독일과 보호협정을 맺음으로써 독일의 식민지가 되었다.

남부와 서부는 반투계의 팡족, 바미레케족, 바가족, 북부는 수단계의 둘족, 풀라니족 등으로 나뉜다. 독일이 1차 세계대전에서 패하자 유엔의 위탁통치령에 따라 카메룬의 80%는 프랑스령 동 카메룬으로, 20%는 영국령 서 카메룬으로 나눠져 40년간(1922~1961년) 지배를 받는다. 이후 북서지역(당시 영국령 수도 바멘다)이 1960년 동카메룬, 1961년 서카메룬이 프랑스에서 독립하였으나, 프랑스령(국토의80%)와 영국령(20%)이 UN에 의해 1961년 독립된 후 현재 하나의 카메룬이 되기까지 상호 문화와 언어 등을 병행해왔다. 하지만 카메룬 국토의 80% 이상을 차지하고 있던 프랑스에 비해 영국은 나이지리아와 카메룬의 20%인 북서와 남서지역을 차지하며, 보다 넓고 자원이 풍부한 나이지리아 쪽에 더 관심을 보였고 카메룬 지역에는 소극적이었다. 반면 더 많은 지역을 차지하고 있던 프랑스는 카메룬에 적극적인 지배력을 행사했다. 이 때문에 카메룬은 오랜 세월 한 나라 두 문화로 나뉘어 하나로 통합되지 못했다.

1972년에 가서야 통일 헌법이 만들어지며 카메룬연방공화국으로 바뀌었고, 1984년 카메룬 공화국이 되었다. 헌법 1조 3항에 "공용어는 영어와 프랑스어다. 두 언어는 동등한 지위를 갖는다"라고 규정하고 있다. 10개주 가운데 2개주는 영어를, 8개주는 프랑스어를 공용어로 쓰고 있지만 두 지역 간의 지위는 동등하지 않다. 1982년 11월 폴 비야 총리가 대통령에 취임하고 2021년 지금까지 7선으로 40년간 집권하고 있다. 카메룬의 아라비카 커피 산지는 대부분 과거 영국령 지역에 위치해 있다.

카메룬 지도를 새긴 목공예품

프랑스식 법 개정으로 촉발된 폭력사태

2016년 과거 프랑스령 지역에 위치한 수도 야운데를 중심으로한 정부는 40년간 유지해 온 통일 헌법을 폐기하고 일방적인 프랑스식 법 개정을 강행했다. 그동안 영어권 지역에 대한 차별적 대우와 일방적 프랑스식 교육 정책 전환에 반발해 과거 영어권 지역의 변호사와 교사들은 헌법준수와 상호존중을 요구하며 2016년 9월 북서지역의 바멘다 시(영국령 당시 수도)에서 평화시위를 벌였다. 이를 정부는 무력으로 진압하고 시위 지역들에 대해 인터넷을 차단하고 통행을 제한해 이 지역 산업기반은 완전히 붕괴되었다. 이처럼 카메룬 커피에는 역사의 쓴 맛이 배어있다.

카메룬 블루마운틴 역사, 불균형 시장구조로 생산량 감소

인류 최초의 화석이 발견된 아프리카는 거의 모든 인류문명의 시작이다. 커피나무가 태어난 카메룬, 아라비카 커피의 시작인 에티오피아 등 커피에서도 아프리카의 역사는 깊고 그윽하다. 그러나 가장 먼저 인간이 살았던 땅에 역사와 문화의 흔적과 기록은 얼마 남아 있지 않고 사라졌다. 그래서 우리가 지금 알고 있는 아프리카는 진짜 아프리카가 아닐지도 모른다. 혼란했던 시대적 흔적은 카메룬 전통예술의 도시, 품반(Foumban) 시에 잘 남아있다.

1923년 서부 '드창'에서 본격 재배 시작

카메룬이 커피나무의 고향이지만 커피재배가 시작된 건 20세기 초부터였다. 독일 식민지 시절인 1913년 독일 선교사들이 티피카 품종을 빅토리아(Victoria), 에보로와(Ebolowa), 콩삼바(Nkongsamba), 드창(Dschang)에 심었고, 고도가 1,000m 이하인 지역에는 로부스타 종을 시험 재배했다. 이후 10여 년간 서부와 북부 고지대가 커피 재배의 최적지로 검증되며, 1923년 카메룬 서부지역 드창 지역에서 본격적인 재배가 시작된다. 이때 심은 커피가 티피카 품종인 자마이쿠(Jamaique)였다. 1927년 빌모린(VILMORIN)이라는 프랑스 종자회사(빌로린이 프랑스 왕실 식물학자인 장인과 설립)가 카메룬 서부 지역(프랑스령)에 20만 그루의 커피 모종을 심었고 프랑스를 비롯한 유럽 왕실의 커피로 팔렸다.

커피재배의 확산은 1929년 드창 농업 센터(Dschang Agricultural Station)를 운영하는 프랑스 농업 기술자, 그레 코스테(René Coste)에서 비롯되었다. 이후 커피재배가 서부지역(프랑스령)과 아다마와 고원(해발고도 평균 1,600m 이상)으로 이어지는 북서지역(영국령)으로 퍼지며 커피는 카메룬의 주요 수입원이 되었다. 카메룬의 주요 커피 품종인 'Jamaique(티피카; 자메이카 블루마운틴)' 커피의 역사이다.[1)]

초창기 카메룬 커피농장의 모습은 서부지역의 품반 시에서 살펴볼 수 있다. 필자가 방문한 농장은 그 중 한 곳으로, 평원에 약 100에이커(404,600㎡) 규모로 조성된 포레스트(Forest) 커피농장이다. 1m 정도의 간격으로 커피나무가 심어져 있고, 그늘용 나무가 적절히 배치돼 있었다.

초기에 식목돼 100년 가까이 된 것으로 보이는 커피나무들도 상당히 많이 남아 있다. 1900년대 초 카메룬에서 커피가 본격적으로 재배되기 시작했던 당시의 모습을 엿볼 수 있다. 농장 끝 비탈진 곳에는 커피건조장, 펄핑(pulping: 커피열매 껍질을 벗기는 작업), 훌링(hulling; 파치먼트를 벗기는 작업) 등의 시설을 갖춘 건물이 있다. 비탈을 이용한 계단식 건물이다. 건조장 옆 육종장에서는 전통 방식으로 커피를 발아시키는 방법도 살펴 볼 수 있다.

거대 농협회사 독점, 산지농부들 재배 포기

카메룬은 녹병, 탄저병에 취약한 티피카(블루마운틴)의 한계를 극복하고자 1980년 브라질의 지원을 받아 자바(Java)[2)] 종을 들여와 생산성

1) Robequain Charles, 《Le café du Cameroun. In: Annales de Géographie》, p.95(1949).
2) 티피카(Typica)의 어린잎은 모두 청동색을 띄고, 좁고 보족한 데 비해 자바(Java) 커피 잎은 둥글고 큰 것이 특징이다.

① 100년된 티피카 커피나무
② 커피를 수확하는 농부
③ 카메룬 자바 품종
④ 가공 전 결점두를 골라내는 모습
⑤ 내추럴가공 커피
⑥ 건조 후 핸드픽 작업

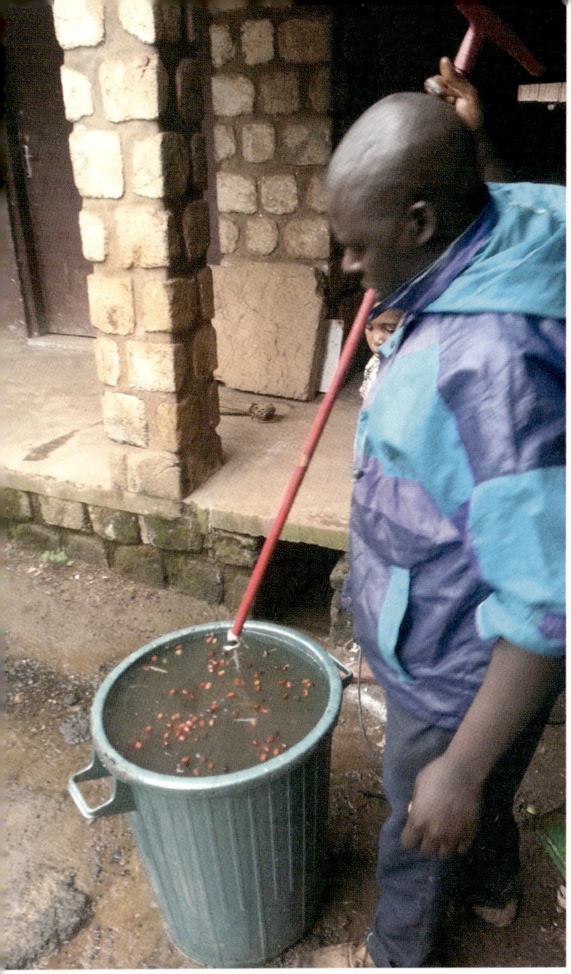

좋은 품종 보급에 노력했지만 이는 커피녹병(Coffee leaf rust)에 취약했다.[3] 현재 개량형 'JavaII'를 보급하고 있지만, 커피 농사나 농장을 개간하는 수가 적어 카메룬은 기존 티피카(Jamaique Blue-mountain)가 주종을 이룬다.

1987년 약 23만 톤(로부스타, 아라비카 포함)으로 세계 12위 커피 생산량이 커피녹병으로 급격히 감소했고, 정부의 체계적인 지원 부족과 경제적 취약성이 드러나며 커피 산지 농부들은 하나둘씩 재배를 포기한다. 독점적 권한이 비대해진 농협 회사들이 소농들(90% 이상 0.4헥타르 미만)에게 충분한 대가를 지불하지 않았기 때문이다.

농부들은 커피나무를 베어버리고 그 자리에 먹고 시장에 내다팔 수 있는 식용작물로 대체했다. 이에 카메룬 커피 내수시장은 5% 미만에 머물고 있고, 수출에 의존할 수밖에 없다. 수출 회사 중심의 불균형한 시장 구조는 커피 생산자의 가격협상력 상실로 이어진다. 커피의 생산량이 최고 생산년도 기준으로 10여년 만에 1/10로 줄어든 배경이다.

정부는 커피 생산 증대를 위한 정책을 추진하고 있지만 대기업 위주의 시설 개선과 지원만으로 재배 면적을 늘려 생산량을 늘리는 것에는 한계가 있어 보인다. 소농들을 위한 실질적 가격 보상과 금융 지원 등이 더 절실한 상황이다.

커피나무의 고향인 카메룬에서는 지금도 다양한 야생 커피 종이 발견되고 있다. 2008년에는 천연 무(無) 카페인 커피나무인 사리에리아나(Coffee Charrieriana)가 발견되었다. 카메룬의 커피가 먼지 속에 묻히기 전에 축구처럼 다시 일어서기를 바란다.

---

3) P. Bouharmont, 《La sélection du caféier Arabica au Cameroun (1964-1991)》(1995)
장 니콜라스 윈트겐스 외, 《커피생두》, p.127~128(2015).

카메룬 커피 인덱스

산지	서부, 남서, 북서 고원지역(아라비카) | 콩삼바(Nkongsamba) 주변지역(로부스타)
품종	티피카, 블루마운틴, 자바
토양	화산토, 황토
강수량	연평균 2,300mm
산지고도	1500 ~ 1950m
수확시기	아라비카 11월 ~ 1월, 로부스타 8월~10월
등급	• E(스크린사이즈 20이상) A(18이상), AB(17이상), B(17) C(피베리), D(16이상), N(13) • GG(18이상) G1(16이상) G2(14이상) G3(10이상)
재배 방식	• 농장 형태로 발전하지 못하고 마을의 농가 주변 텃밭에서 재배하는 형태(가든 커피). 재배에 대한 교육과 관심이 부족해 가지치기나 퇴비 등 적극적으로 농사에 참여하지 않고 있음. • 티피카 나무 특성상 병충해와 생산량이 많지 않아 한 나무 당 체리가 5~6kg 정도로 경제성이 떨어짐.
생산량	1987년 총 23만 톤(아라비카가 전체의 10%인 약 2만4천 톤)에서 2016년 2만4천톤(아라비카 2천4백 톤)으로 생산량 급감(자료: ONCC/NCCB)
시장규모	• GDP의 1.4%(2016년 기준) 수준, 내수는 17%에 불과하고 수출회사 중심의 시장 구조 • 코코아 및 커피 위원회(ONCC-NCCB)에서 품질 및 수출 관리

카메룬 커피 생산량(만톤)

(자료: NCCB)

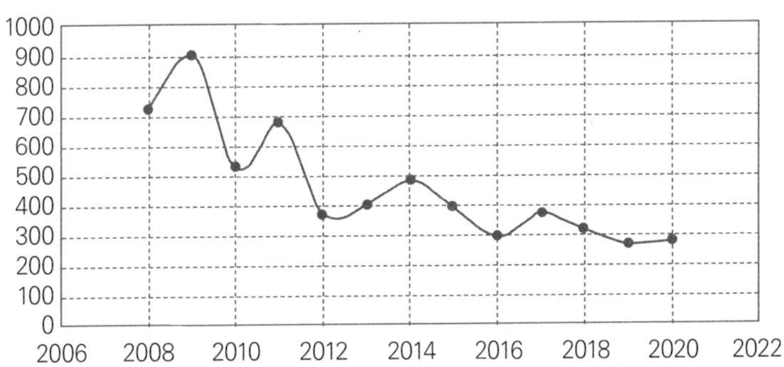

카메룬 커피산업 구조

국내 자본	해외 자본
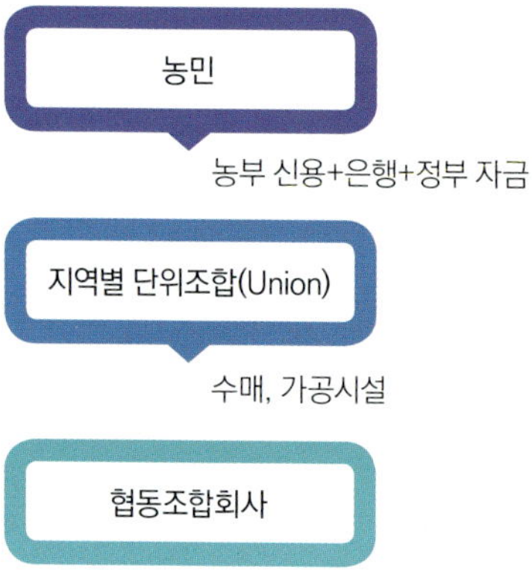	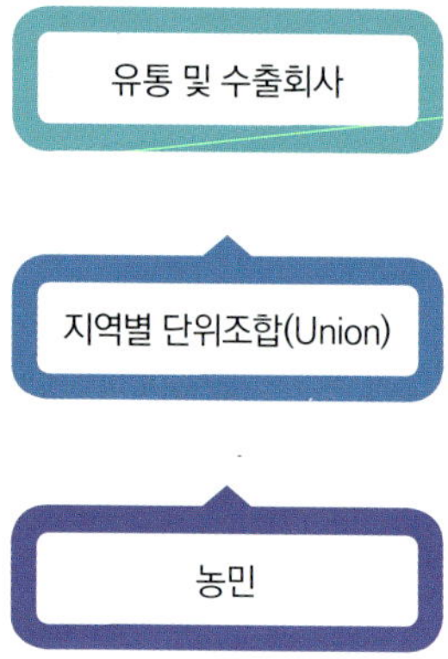
[주요수출회사] Hilltop Farmers(북서지역) NWCA.Ltd(북서지역)	[주요수출회사] UCCAO (남, 서부지역)

커피수출 구조

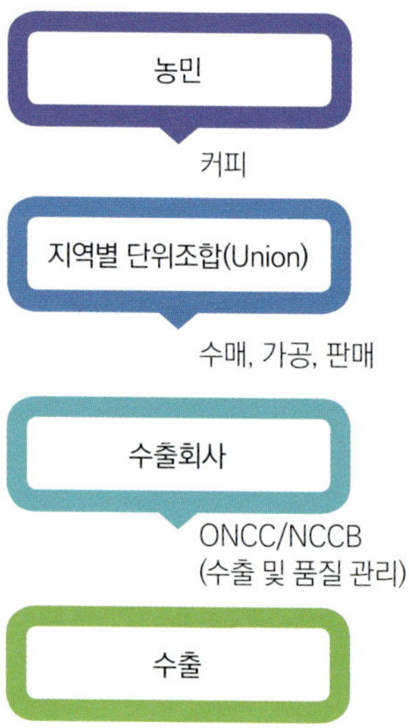

홀로 남겨진 커피나무

2017년 1월 나는 세상과의 소통을 차단한 카메룬 북서 지역으로 다시 들어갔고, 외부와 단절되어 죽어가는 카메룬을 목격했다. 현재 이곳은 비민주적 정부에 대한 저항으로 통일 전의 카메룬으로 분리하자는 목소리가 높다. 독립을 요구하는 자치 정부 세력과 현 정부 간의 갈등은 심화되어 무력 충돌로 이어지고 있다.

이 사태로 지금까지 50개 이상의 마을이 불타 유령도시가 되었다. 100만 명 이상의 주민들이 삶의 터전을 잃었고, 4,000명 이상의 주민이 목숨을 잃었다(2021년 8월 현재). 대통령은 북부 나이지리아 국경지역의 테러 단체인 보코 하람의 국경 침범을 구실로 '이제 영어를 지껄이는 놈들을 모두 소탕할 차례다'라고 말하고 있다.

커피 주요 산지인 영어권 지역 탄압

2018년 2월 보요 디비전(Boyo Division)에 있는 힐탑 농부직거래(Hilltop Farmers Direct)조합이 있는 벨로(Belo) 마을을 둘러보고 돌아 온 지 몇 시간이 지나지 않아 일이 터졌다. 경찰이 검문에 불응한 동네 청년을 사살하자, 이에 분노한 주민들이 경찰들을 죽였다. 이에 군 헬기가 동원되었고, 마을 일대를 총으로 난사했다. 그날 다른 마을로 함께 가기 위해 합류하기로 했던, 그곳에 살고 있는 필드 매니저와 연락이 끊겼고 우리들은 모두 두 손 모아 간절히 그의 안전을 걱정했다.

마을 주민들은 함께 모일 수 없게 되었고, 농부들은 커피 작업 중인 일터에서 수없이 잡혀갔으며, 비극은 이어졌다. 2019년 5월 어느 날 어린 청년 글로비스가 우리가 만든 쏘(Sho) 마을 커피 저장창고에서 작업을 하던 중 들이닥친 군인이 쏜 총에 눈을 맞았다. 그의 어머니는 150km 떨어진 마을에서 정신을 놓은 채 겨우 차편을 구해 아들의 생사를 걱정하며 달려왔고, 필드 매니저 어니스트가 검문을 뚫고 그를 병원으로 옮

길 수 있었다.

북서지역의 7개 구역 중 정부에 저항이 강한 보요(Boyo)의 중심마을인 벨로-아차(Belo-Acha)는 우리 힐탑 농부직거래 조합의 주요 시설이 있는 곳이었는데. 마을 곳곳이 불타고 봉쇄되어 유령도시가 되었다.

카메룬의 주요 아라비카 커피 산지에 있는 많은 마을들이 폐허가 되어 사람들은 삶의 터전을 잃었고, 커피나무들은 홀로 남겨졌다.

농부의 땀,
산지의 특징이 담긴 커피

바오밥나무 **이종신** 대표

바오밥나무는 이종신 대표가 20여 년 전 커피에 대한 궁금증을 해소하기 위해 커피의 이력을 찾아가는 여정에서 문을 연 커피집이다. 직접 생두를 선택하고 로스팅해 자신만의 커피를 즐길 수 있는 강남 도심의 정통 핸드드립 전문점이다. 커피 애호가들이 즐겁게 커피를 마시고 이야기와 정보를 주고받은 '커피사랑방'으로 명성을 쌓아왔다.

바오밥나무에게 카메룬 커피는 어떤 의미인가요?

커피를 업으로 하는 동안 꼭 지켜주고 동행해야 할 커피로 생각합니다. 한 사람 한 사람의 땀과 노력의 결실이며, 카메룬에 갔을 때 만났던 순수하고 겸손한 그들의 모습 뒤에 농부들의 수고와 정성의 가치를 매 순간 잊지 않게 해주는 커피입니다.

카메룬 블루마운틴 커피 맛의 특징은 무엇이라 생각하시나요?

어느 쪽에 치우치지 않고 인위적인 노력이 아닌 자연 그대로의 맛을 지녔습니다. 부드러운 맛과 아름다운 향미를 지니고 있어 다른 어떤 나라의 커피와 비교해도 손색이 없습니다. 각 산지 마을의 특징이 잘 표현되어, 단순한 카메룬 블루마운틴이 아닌 각 마을의 개성이 존중되는 커피라고 생각합니다.

좋은 커피란 무엇일까요?

향미를 통해 후각이 즐겁고, 맛을 통해 미각이 살아 움직이는, 개성이 있는 커피를 좋은 커피라고 생각합니다.

커피캐스팅

아버지 꿈을 이은 '작은 농부들의 희망터'

바멘다(Bamenda) 시는 카메룬의 영국 시민지 시절 수도였던 곳이다. 당시 총리였고 부통령으로서 통일헌법으로 하나의 카메룬을 일군 사람, '카메룬 통일의 건축가'로 불리는 존 응구 폰차(John Ngu Foncha)의 장남이 마티 폰차(Matti Foncha) 씨이다. 그 가족의 삶에서 카메룬 역사를 읽을 수 있다. 식민지를 겪고 치유되지 않은 상처를 안고 살아가는 사람들, 작은 커피 농부들의 삶은 팍팍하다 못해 시간이 멈춘 듯 먼지 속에 덮여 있었다.

커피나무를 베어버리다

커피가 발견된 지 수백 년, 커피가 선진 문화의 상징처럼 된 현재이지만 나아지지 않는 작은 커피 농부들의 삶은 화려한 자본의 조명 아래 더 어두워지고, 왜곡되어 전해진다. 마티 폰차 씨 부모가 꿈꿨던 농부들이 잘 사는 나라, 카메룬의 주요 산업이었던 커피와 농부들의 신용과 힘으로 세워졌던 농업협동조합도 권력으로 변했다. 1.4%밖에 되지 않는 커피 시장은 유일한 판매 통로가 된 수출 회사들에게 완장을 채워주었다. 커피 농부들이 커피 값을 정할 수 있는 주도권을 잃어버렸다.

결국 농부들이 선택한 길은 자리만 차지하고 있는 애물단지 같은 커피나무를 베어버리고, 당장의 배고픔을 해결할 수 있는 식용 작물로 대체

하는 것이었다. 1987년 총 커피 생산량은 23만 톤에서 2016년 2만4천 톤으로 90%의 커피나무가 사라졌다. 농부들의 생활은 자급자족의 시대로 돌아갔고 희망은 병들고 시들었다.

카메룬의 커피는 로부스타의 주요 산지인 남서부지역에서는 프랑스 자본의 UCCAO(Union des Cooperatives Agricoles de l`Ouest)가 독점하고 있고, 아라비카 주요 산지인 북서 지역은 NWCA(North West Cooperative Association)가 대부분의 지역 단위조합들의 커피를 독점하고 있다. 커피는 1차 산업 중에서도 장치 산업이다. 커피 체리를 수확하면 반드시 가공을 거쳐야 하는데, 이것은 커피 산지에서부터 대규모 가공 시설을 필요로 한다. 그리고 소비지에서도 로스팅과 추출을 위한 기계 장비 등 많은 자본이 투입되어야 하는 산업 중 하나이다.

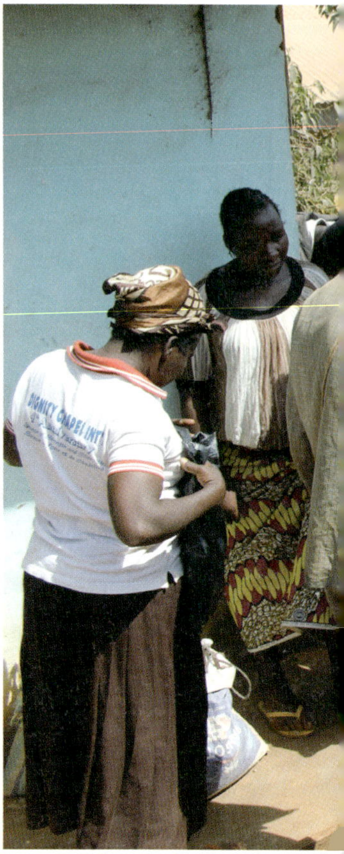

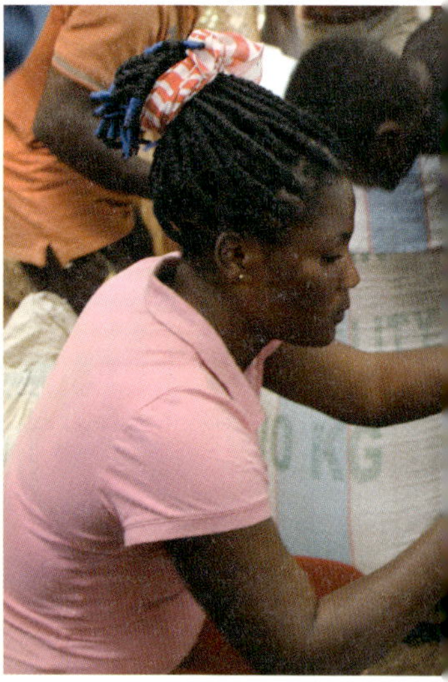

PADDY
50KG

FARM SPECIAL
FINE

존 응구 폰차는 식민지에서 벗어나며 갑자기 판로가 끊겨 혼란스러웠던 커피 농부들에게 조합의 결성을 독려하며, 농부들의 자립을 지원했다. 하지만 모든 것이 그의 뜻대로 흘러가지 않았다. 프랑스어권 정부는 부패했고, 농부들의 신용과 정부의 자금 지원으로 설립된 농업협동조합은 비대해지며 농부들은 없는 이름만 협동조합인 기업이 되었다. 자립하고 독립하려는 농부들에게 권력이 된 것이다.

농부가 주인인 세상을 향한 여정

마티 씨는 자신이 어렸을 때 언덕 위에 있던 집을 마을 사람들이 '언덕 위의 집(Hilltop)'이라고 불렀단다. 지역의 정신적 지주였던 아버지가 세상을 떠나고 그는 아버지가 꿈꿨던, 농부가 주인이 되는 세상을 바라며 '힐탑 농부직거래(Hilltop Farmers Direct)' 조합을 다시 시작했다. 아버지와 함께 했던 보요(Boyo) 지역의 커피 농부들을 생각하며 '카메룬 보요 커피(Cameroon Boyo COFFEE)'라고 이름을 붙였다.

그러나 지역 조합 회사의 많은 저항과 방해가 뒤따랐고 목숨까지 위태로웠다. 마을들을 직접 찾아다니며 족장들과 마을의 어른들을 설득하는 일은 쉽지 않았다. 더 나은 품질의 커피를 생산하게 하는 것도 어려웠다. 그렇게 하면 더 나은 대가를 받을 수 있다는 것을 처음에는 잘 믿지 않았다. 너무 오랜 시간 그들은 오로지 조합이 정한 수매 값에 익숙해 있었다. 생활비에 턱없이 부족한 커피 값에 그들은 커피를 믿지 않았고 조합 회사를 믿지 않았다. 결국 커피나무를 베고 그 자리에 식용작물을 심었다.

마티의 아버지와 인연을 맺고 농민운동을 시작했던 보베 응감(Bobe Ngam)은 아들 어네스트(Ernest)와 함께 농부들을 설득하는 데 기꺼이 나섰고, 생명력을 잃어가던 농부들의 삶에 희망의 싹이 돋기 시작했다.

“함께 일하고 세계를 변화시킨다”

2018년 마티의 안내로 BUST(Bamenda University of Science and Technology)를 찾았다. 학교에 도착 전까지 내가 제안했던 학교의 커피학과 개설에 대해 이야기를 나누는 자리 정도로만 알았다. 하지만 그곳에 도착하고 학교 벽에 걸려 있는 사진을 보고서야 이곳이 1995년 마티 씨의 아버지인 존 응구 폰차 박사(Dr. John Ngu Foncha)가 설립한 대학이라는 걸 알았다. 총 학생 수가 약 800여 명이고, 그 중 40%가 주변 5개국의 유학생이다. 학생들은 학교가 제공하는 기숙사를 이용하고, 학생들의 대부분은 장학금을 받는다고 한다. 폰차 가족들은 늘 겸손했고 자신을 내세우지 않았다. 이렇게 훌륭한 학교를 세우고 운영하고 있는 걸 5년이 지나서야 알게 된 것이다.

마티 씨는 학장과 학교 관계자들과의 자리에서 나를 “커피를 돈 벌기 위한 사업만이 아닌 이곳 카메룬의 농부들과 사람들에 대한 존경을 갖고, 공정한 세상을 다음 세대에게 이어주기 위해 정직하게 약속을 지키며 실천하는 신념이 있는 사람”이라고 소개해주었다.

그날도 내전으로 학교가 정상적으로 운영되지 못해 계획했던 학생들을 만나지 못했고, 이후 상황이 더 나빠져 그날의 계획은 잠시 멈춰 있지만 학교의 이념인 “배움이 멈추지 않는 곳(Where learning never stop)”처럼 우리의 의지도 결코 멈추지 않을 것이다. “함께 일하고 세계를 변화시킨다(Working Together, changing our world)”는 힐탑 농부직거래 조합의 모토처럼 희망의 끈도 놓지 않으리라.

아프리카 태양을 품은 커피원종의 맛

보헤미안 **박이추** 대표

2014년 용기를 내어 보헤미안 박이추 대표를 찾아갔다. 박 대표는 "커피는 사람을 이어주는 다리와 같아 지식뿐만 아니라 겸손함, 나눌 수 있는 여유, 상대에 대한 배려가 함께할 때 그 진짜 맛을 느낄 수 있다"고 말했다. 첫 만남에서 어떤 신뢰를 주었는지, 선뜻 카메룬 커피 수백 ㎏을 주문해 주었다.

박이추 대표님께 카메룬 커피는 어떤 의미인가요?

먼 나라, 낯선 땅에서 농부들이 흘리는 땀으로 키워지는 한 톨 한 톨의 커피도 무척이나 귀한 것이죠. 그조차 나라 안팎의 사정으로 너무도 힘든 생사의 갈림길에서 농부들의 땀과 피맺힌 울음이 배인 커피를 볼 때마다 그들의 삶에 경의를 표합니다. 커피는 그냥 마시는 음료가 아닙니다. 누군가의 힘든 인생의 여정이 녹아있고, 누군가에게는 새로운 시작을 열어주죠. 카메룬 커피가 가지는 의미가 아닌가 싶습니다.

카메룬 블루마운틴 커피 맛의 특징은 무엇이라 생각하시나요?

강렬한 아프리카의 커피들이 가지는 다양한 색깔은 전 세계인들에게 찬사와 기쁨을 안겨주고 있습니다. 오늘날 발전하고 있는 생두의 여러 가지 맛과 향에 비해 카메룬은 순수한 아프리카 태양의 뜨거움을 간직한 커피 같습니다. 모든 색이 모이면 무채색이 되듯이 순수한 커피의 맛을 보여주는 몇 안남은 커피원종의 맛을 보여주지 않나 싶습니다.

좋은 커피란 무엇일까요?

인생을 바꿀 수 있는 커피가 좋은 커피라고 생각합니다. 커피는 단순하게 보면 하나의 음료에 지나지 않지만 인류 역사 속에서 커피는 새로운 시대를 여는 데 많은 기여를 해왔습니다. 개개인으로 보면 누군가에게는 인생의 전환점에 커피가 동반되었지요. 만년필로 사인을 하듯 인생의 전환점에서 무언가를 결정할 때 마음을 진정시키는 역할을 해온 게 커피였다고 봅니다.

힐탑 농부직거래 조합

2014년 처음 카메룬의 커피를 찾으러 갔을 때 현지 가이드는 커피 산지를 알기는커녕 아라비카와 로부스타도 구별할 줄 몰랐다. 며칠을 가이드에게 끌려 다니며 시간과 돈을 허비하며 지치고 좌절했다. 무작정 커피

산지를 찾아 좋은 커피를 만난다는 것은 산삼을 찾아 온 산을 헤매는 일과 같다. 교역이 없어 이미 철수를 앞 둔 코트라(KOTRA/ 대한무역투자진흥공사) 사무소를 찾아 카메룬의 커피수출업체들 중 한 곳의 연락처를 얻어 그곳을 찾아가 보기로 했다.

그곳은 우리가 머물렀던 두알라(Douala)에서 약 300km 떨어진 고산 지대인 바멘다 시였다. 보수를 하지 않아 도로 포장이 누더기가 된 길을 버스 통로 자리까지 이쑤시개를 꽂아 놓은 듯 50명을 넘게 태운 버스에 꼿꼿이 앉아 10시간을 달렸다. 새벽 일찍 출발한 버스가 1,500m가 넘는 고원 지역을 올라 양철지붕 위에 소복하게 쌓인 먼지가 붉게 보일 때쯤 바멘다 시에 도착했다.

그곳 북서협동조합회사(NWCA Ltd)를 찾아 안내를 부탁했다. 하루는 단위 조합들 중 한 곳인 벨로 조합(Belo union)을 안내 받았다. 조합 시설을 둘러보고 난 후 시간이 남아 근처 마을로 내려갔다가 마당에 커피를 말려 놓은 광경을 보게 되었다. 트레이닝복을 입은 노인에게 자초지종을 묻자, 그는 아들을 불렀다. 키가 큰 청년의 이름은 어네스트(Ernest)였고, 커피를 수출하는 작은 조합의 책임자라고 했다. 커피를 찾아서 왔다고 하자 그는 다시 집안으로 들어가 사진 책자를 갖고 나와 보여 주었다.

꿈같은 만남, '작은 농부들'을 선택하다

집 마당 한쪽에 철망으로 둘러쳐진, 커피 워싱을 위한 수조와 손으로 돌려 체리를 벗겨내는 펄핑 기계를 보여주었다. 그리고는 저녁에 내 숙소로 조합 대표와 찾아가고 싶다고 했다. 호텔 로비라고 해도 소파 2개가 놓인 것이 전부이고, 전기 사정이 좋지 않은 이곳은 조명이 밝지 않

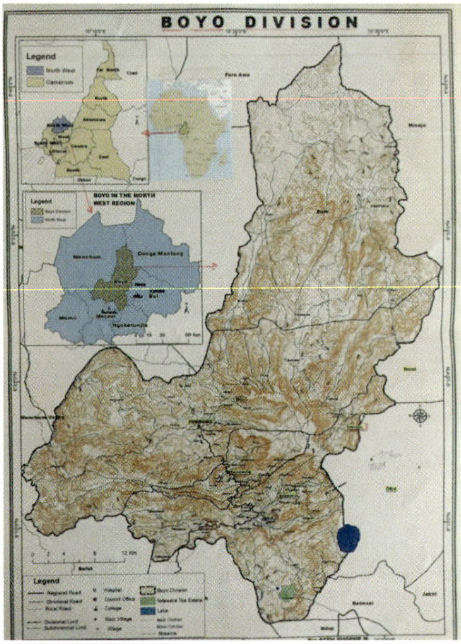

카메룬 보요(Boyo) 디비전 지도

아 어두침침했다. 낮에 만났던 키 큰 청년과 같이 온 사람은 나이가 좀 들어 보이고 마른 체형으로 행동이 겸손했고 영어 발음이 명확하고 간결했다. 그가 준 명함에는 'Cameroon Boyo Coffee, Hilltop Farmers Direct / Matti Foncha'라고 적혀 있었다.

짧은 영어로 모두 다 알아들을 수는 없었지만 자신들의 커피에 대해 설명하는 동안 낯이 익은 그의 얼굴을 SNS에서 본 듯해 페이스북을 검색했다. 거북이 걸음 같은 인터넷 속도 때문에 시간이 다소 걸렸고, 검색하는 내내 그는 계속 내 눈치를 살폈다. 드디어 페이스북에서 그를 찾아내자 모두가 놀랐다.

꿈같은 만남이었다. 카메룬에 오기 전 카메룬 커피에 대해 알기 위해 구글, SNS 등을 뒤져 카메룬 커피에 대한 정보를 수집했다. 그때 페이스북에서 발견했던 사람이 마티 폰차(Matti Foncha)였고, 그를 만난 것이다. 벨로-아차(Belo-Acha) 마을은 힐탑 농부직거래 조합의 메인 스테이션이었고, 키 큰 청년 어네스트 암볼라(Ernest ambola)는 필드 총괄 매니저였다.

다음날부터 며칠 그들을 따라 살펴 본 마을과 시설의 규모는 북서협동조합에 비할 바 아니었지만, 그들이 생각하는 가치와 추구하는 방향이 마음을 흔들었다. 북서협동조합은 그들을 경계했고, 그들과 농부들 직거래를 방해했다. 지역단위 가공시설 운영자들에게 압력을 행사해 커

마티 폰차 씨

'작은 농부가 주인(small farmer owned)'이라는 글자가 선명한 커피 백

피 가공을 못하도록 했고, 이를 도와 준 벨로 조합의 매니저를 자리에서 물러나게 했다.

기간은 짧았지만 커피 농가를 둘러보며 그들의 이야기를 들을 수 있었다. 그러다 며칠 후 그동안 친절히 대하던 북서협동조합의 책임자가 정색하며 내게 누구를 만났고, 무엇을 했는지를 캐물었다. 그 이유를 나중에서야 알았다.

한국에 돌아와 북서협동조합으로 주문한 커피의 샘플이 도착했는데, 품질이 약속과 달랐다. 서둘러 전체 수입 물량이 배에 실리기 전에 품질 확인을 요구했지만 거절당했다. 그 사이 배에 선적될 커피의 품질 상태에 대해 마티는 많은 도움을 주었다. 북서협동조합은 품질 약속 이행 요구에 대해 그러면 팔지 않겠다는 말로 응수했다. 이미 그동안 영업을 하며 주문을 받아 놓은 상황이라 결국 커피를 받을 수밖에 없었는데, 물량의 40% 정도에 문제가 있었다. 사람을 구해 다시 핸드픽을 해야만 했다.

그리움의 향기를 떠올리게 하는 커피

박이추 커피공장
보헤미안 로스터즈, **황광우** 실장

지난 2017년 박이추 커피공장 보헤미안 로스터즈를 방문한 마티 폰차 씨에게 공장을 안내하고 있는 황광우 실장

춘천 GTB 방송, 강릉 MBC 라디오에서 작가 생활을 했고, 2007년 박이추 커피아카데미교육생으로 박이추 선생의 제자이자 커피 애호가가 되었다. '커피 작가'라는 커피아카데미를 운영했고, 현재 보헤미안 로스터즈 박이추 커피공장을 책임지고 있다. 2020 골든커피어워드 하우스블랜드 부분 심사위원장, 2021 골든커피어워드 조직위원장으로 활동하고 있다.

커피와 카메룬 커피에 대한 생각을 말씀해주신다면?

커피에는 '그리움'이 스며있습니다. 처음 커피 배울 때 케냐 원두의 묵직함에 과테말라 원두의 단맛과 탄자니아 피베리 원두의 은은한 향미에 빠졌지요. 그러다 어느 때부터 과일과 다채로운 꽃 향이 물씬 나는 아프리카 커피들로 신세계를 경험하기도 했습니다.

점수로 평가되는 생두의 홍수 속에서 카메룬 커피는 잊을 뻔했던 그때 '그리움'의 향기를 느끼게 합니다. 순수함의 시작, '커피는 원래 이랬지'를 되뇌어 봅니다. 카메룬 농부의 정성이 담긴 카메룬 커피가 가진 매력입니다.

\ 올원프로그램(All One Program) \

모두가 하나 되는 세상을 꿈꾸며

커피 수입을 시작하고 불과 6개월이 지나지 않아 생두를 수입하는 일 역시 철저한 자본 시장의 논리로 움직이고, 커피 시장 역시 꿈과 노력만으로 참여할 수 있는 것이 아니라는 걸 깨달았다. 하지만 열악한 환경에서 힘들게 농사를 짓는 농부들의 노력을 돈으로만 계산할 수 없었다.

그렇게 나는 커피 수입업을 조금씩 정리해야겠다는 쪽으로 기울었다. 함께했던 동료의 욕심과 불성실한 태도에 대한 실망과 함께 카메룬 북서 협동조합회사가 소농들에게 행하는 태도와 방식에 희망이 보이지 않았

어네스트, 마티 폰차, 필자 (왼쪽부터)

기 때문이다. 북서협동조합과의 거래 관계는 정리하기로 결정했다. 그동안 성심껏 도와주었던 마티 씨에 대한 고마움과 거래처들에게서 받아 놓은 다음해의 마지막 주문량을 마티 씨의 힐탑 농부직거래 쪽으로 하기로 하고, 결국 커피 수입업을 정리하기로 마음먹었다.

농부들을 만나며 다시 건진 희망

그런데 그 사이 회사 동료는 나와 마티 씨를 속이고 북서협동조합에 커피 주문을 넣어 놓았고, 북서협동조합의 총괄 매니저가 보낸 "카메룬에 들어오면 그냥 두지 않겠다"는 협박 메일을 통해 동료가 북서협동조합과 거래를 중단한 이유를 모두 내 탓으로 돌려놓았다는 것을 알게 되었다.

그렇지만 이대로 가만히 있을 수는 없었다. 이미 주문해 놓은 것들을 정리하기 위해 위협 속에도 카메룬에 다시 들어갔고, 마티 씨와 힐탑의 농부들을 만나러 산지를 다녔다. 일정은 고되고 거의 매일 굶다시피해 2주 동안 몸무게가 8kg이 빠졌다. 하지만 마티 폰차 가족과 카메룬의 역사, 그리고 그들이 농부들에게 쏟고 있는 애정과 노력, 그리고 신념이 잊고 살았던 나 자신을 깨워주며 머리는 더 맑아졌다.

회사를 떠난 동료는 별도로 개인사업자를 내고 북서협동조합의 커피를 수입했고, 그곳 총괄 매니저를 자극해 자신들과 거래하는 마을 중 한 곳인 벨로단위 조합의 커피 가공시설을 사용하지 못하게 했고, 결국 매니저를 해고했다. 또 카메룬 수출 담당 기관에 압력을 넣어 힐탑 커피의 수출을 지연시키고, 커피 품질 검사를 한다는 명목으로 커피 마대를 모두 찢는 일까지 벌이며 수출과 한국 수입을 방해하는 일들을 계속 저질렀다.

북서협동조합은 카메룬에서 힐탑 농부직거래에게 한국의 농협처럼 대기업이고 공룡이다. 전 세계 어느 곳이나 작은 농부들뿐만 아니라 소기업들이 자본과 권력, 대기업에 맞서 자리를 잡는다는 것은 너무 힘든 일이다.

자립의 마중물, 가공시설 개선 후원

매년 비행시간만 24시간이 넘는 카메룬을 찾으며, 그들의 노력과 의지에 마중물이 되기를 바랐다. 그들과 함께 마을들을 돌며 "이렇게 멀리 한국이라는 곳에서 우리의 커피가 좋아서 찾아오고 있으니 커피 농사 포기하지 말고 함께 노력해 봅시다"라고 이야기하며 힘을 보탰다.

얼마 되지 않는 후원금이지만 그들에게 제안한 후원과 지원 계획으로 매년 마을마다 새로운 가공시설이 지어지기 시작했고, 산속 마을 농부

들의 커피 운송을 돕기 위해 요긴한 오토바이도 늘어났다. 초창기 1개 마을에서 시작했던 직거래는 40개 마을로 늘어났고, 7명이던 조합원이 6백 명 이상이 되었다. 커피 품질 역시 모두가 놀랄 만큼 좋아졌다. 마을마다 족장들의 관심도 높아졌고 청년들의 일자리도 계속 만들어지고 있다.

지금 하고 있는 지원이 회사의 수익을 위한 것이 아니지만, 삶이란 우연히 시작되고 어찌할 수 없는 길을 자꾸만 걷게 되지 않던가? 혹시 어떤 이유에서건 누군가 커피 산지를 가게 된다면, 농장주나 수출업자가 보여주고 싶어 하는 것만이 아닌 그 나무에 달린 수천 개의 커피를 위해 매일 쉼 없이 일하는 농부들의 생활과 그 커피가 시작되고 자라 온 과정과 역사에도 관심을 가져주기를 바란다. 그런 관심이 커피와 함께 살아가는 사람들의 삶을 개선시키고 더 좋은 커피를 만나게 한다.

Coffee Farmers Donation Fund & Support
All One
KOREA & Cameroon
Shine with Companion & HillTop
샤인위드컴페니언
힐탑 농부

커피 사냥꾼이 아닌 함께 빛나는 '커피캐스팅 디렉터'

한 잔의 좋은 커피는 누구 한 사람의 노력으로 만들어지지 않는다. 그래서 커피를 즐기며 모두가 하나 되는 세상을 꿈꾸며, 카메룬에 가공시설 개선과 한국 보육시설을 지원하는 '올원프로그램(All One Program)' 캠페인을 시작했다. 후원은 내가 해 주고 싶은 것을 하는 것이 아니라 상대가 원하고 필요로 하는 것을 지원해 주는 것이다. 일방적으로 해주는 것이 아니라 상대의 노력에 대한 마중물이다. 2022년에는 내전으로 파괴된 벨로-아차의 시설을 바멘다 시에 다시 세우는 힐탑의 재건 프로그램을 계획하고 있다.

좋은 커피란 소비자의 입장에서만 좋은 맛과 품질 그리고 가격만이 아닌 자연에서부터 농부 그리고 유통업자에 이르기까지 모든 과정이 투명하고 공평해야 하는 것이다. 우리가 계속 좋은 커피를 만나기 위해서는 커피 산지에 들어가 내가 찾던 커피를 사냥(hunting)해 오듯 수입하는 '커피 헌터'가 아닌, 커피 농사가 삶의 전부인 그들의 삶이 소개되고 빛나야 한다. 그래서 그들의 삶과 커피를 소개하는 사람 '커피캐스팅 디렉터(Coffee Casting Director)'가 되고자 했다.

"당신의 1%를 더해, 세상의 99%를 채웁니다." 한 잔의 커피 향기로 함께 숨 쉬는 세상, 커피 그 이상의 가치 있는 'Real Coffee'와 커피가 좋은 문화가 되는 'True Culture'를 만들어가는 게 'All One Program'이고 커피캐스팅 디렉터(Coffee Casting Director)의 역할이다. '커피 캐스팅 디렉터'가 더 많아지기를 기원한다.

커피의 뿌리에서 샘솟는 희열

커피비평가협회 **박영순** 회장

커피비평가협회(Coffee Critics Association)는 'Share good coffee(좋은 커피를 나눈다)'를 모토로 커피의 향미를 올바로 평가하고 묘사하는 능력을 갖춘 커피테이스터(Coffee Taster)를 양성하고 있다. 아울러 서민카페와 산지의 작은 농장을 직접 연결하는 활동을 펼치고 있다.

CCA에게 카메룬 커피는 어떤 의미인가요?

카메룬은 커피가 시작된 곳입니다. 꼭두서니과 치자나무가 동아프리카지구대를 형성한 지질운동 과정에서 종자가 이동했고, 에티오피아에 도착할 즈음 아라비카 종으로 유전적 변이를 완성한 것이지요. 커피의 조상을 길러낸 카메룬 토양과 기후에서 커피의 본성을 느낄 수 있습니다. 카메룬 커피는 커피의 뿌리입니다.

카메룬 블루마운틴 커피 맛의 특징은 무엇이라 생각하시나요?

카메룬 커피를 한 모금 머금으면 오렌지 빛이 감도는 붉은 색이 연상됩니다. 건강한 붉은 토양에서 자라난 커피가 땅 속 깊은 곳에서 미네랄을 풍부하게 끌어올려 알알이 성분이 꽉 찬 씨앗을 품어냅니다. 덕분에 화사한 재스민과 장미, 때론 농밀한 캐모마일 향이 여린 흙내음과 어우러지면서 음용자의 내면 깊숙한 곳에서 희열을 샘솟게 해줍니다. 연주의 베이스처럼 향미의 주변을 감싸주는 토종꿀의 뉘앙스는 카메룬 블루마운틴이 선사하는 '덤'입니다.

좋은 커피란 무엇일까요?

좋은 커피는 자란 땅과 재배자를 구체적으로 구분해 찬사를 보낼 수 있는 커피라고 생각합니다. 한 마디로 출처가 정확하고 이곳저곳의 것을 섞지 않은 한 밭에서 나온 커피인 것이지요. 이후 한 잔에 담길 때까지 보관, 로스팅, 추출 등의 과정을 올바르게 수행함으로써 커피가 지닌 본성이 잘 표현되도록 정성을 기울인 커피가 좋은 커피입니다. 그런 커피는 우리를 깊은 사유로 이끕니다. 좋은 커피는 마시는 사람 스스로를 되돌아보게 만듭니다.

\ 보베 응감(Bobe Ngam) \

그를 기리며…함께 숨쉬다

2016년 1월 16일, 안개가 솜사탕처럼 자욱한 토요일 이른 아침이었다. 힐탑의 어시스트인 엘리자베스(Elizabeth)가 조합원 농부들에게 나눠줄 올해 달력을 인쇄소에서 찾아왔다. 달력에는 조합원들과 해외 파트너인 내 사진도 들어있었다. 지니콤(Njinikom) 마을로 가는 길에 벨로-아차(Belo-Acha)에 살고 있는 필드 매니저 어네스트의 집에 들러 창고를 둘러보았다. 창고에는 각 마을에서 가져 온 커피가 쌓여 있었다.

반가워하는 어네스트의 손을 잡고 집 마당으로 들어서니 그의 아버지 보베 응감(Bobe Ngam)이 반갑게 나를 맞았다. 어네스트의 9살 된 큰딸 페니엘(Peniel)과 동생 피터(Peter)가 동네 아이들과 마당에서 신발을 빨고 있었다. 가방에 담아왔던 사탕과 캐러멜을 아이들 손에 쥐어주었다.

보베 씨의 안내로 농장과 마을을 둘러보다가 만난 아랫집에 사는 청년은 일부러 사다리를 밟고 올라가 지붕을 이는 시범까지 보여주었고, 순식간에 비탈진 길을 내려가 사탕수수를 베어와 나에게 건넸다. 어느새 뜨거워진 햇살에 목이 말랐던 나는 그들의 마음을 맛보았다. 스페셜 한 것은 커피에서 나오는 것이 아니라 사람에게서 나온다.

보베 씨는 마당 한 쪽에 걸려있는 칠이 벗겨진 나무 간판을 가리키며 자신은 이곳에서 농부들의 정당한 대가를 위해 농부 직거래를 시작했다고 말했다. 수동 펄핑 기계를 돌려가며 커피 체리의 과육을 벗겨내는 과정을 설명했다. 전기 모터가 아닌 사람의 손으로 돌려 과육을 벗겨내고, 건조된 파치먼트를 벗기는 것을 직접 해보니 여간한 힘으로는 잘 되지 않았다. 어느새 마음 한 켠이 무거워졌다. 아직까지는 전혀 문제가 없다고는 하지만 점점 늘어나는 커피의 양과 그동안 간간히 돈을 주고 사용해 온 벨로 조합의 펄핑 기계도 북서협동조합의 압력으로 사용할 수가 없어 걱정스러웠다.

“이제 당신과 같이 숨 쉬게 되었다”

보베 씨는 부엌으로 들어가 반쯤 남은 와인 병을 갖고 나왔다. 그리고 나와 자신의 잔에 와인을 채운 후 내 손에 들려있던 와인 잔을 다시 가져가 한 모금 마시고는 나에게 돌려주었다. 영문을 모른 채 그가 권하는 대로 한 모금을 마셨더니, 손가락으로 나를 가리키며 “이제 당신과 같이 숨 쉬게 되었다”라고 말했다. ‘함께 숨 쉬다.’ 지금까지 수 없이 술잔을 돌려가며 마시면서도 그들과 함께 숨 쉬고자 했었던가를 돌이켜봤다.

전통 ‘까바’로 갈아입고 나온 그는 우리와 함께 지니콤(Njinikom) 마을로 향했다. 먼저 도착한 어네스트가 나를 보고는 “아직도 안 가고 바멘다에 있었냐”는 농담을 던졌다.

올망졸망 쌓여있는 자루들을 가리키며, 이곳 마을 사람들은 각기 커피 생산량들이 얼마 되지는 않지만 그래도 품질만은 잘 관리된 것들이라고 했다. 그는 우리가 가지고 온 달력을 모인 사람들에게 나눠주고는 그들에게 카메룬 밖의 커피이야기를 들려달라고 청했다. 나는 그들의 열정과 노고에 대한 감사와 함께 짧은 영어로 커피 시장의 변화에 대해 설명했다. 이어서 보베 씨는 마을 사람들에게 자신의 경험과 미래를 위한 커피의 가치에 대해 열정을 담아 호소했다.

① 보베 응감
② 마티 폰차와 이야기를 나누는 보베 응감(오른쪽)

농부들은 그날 그 자리에서 자신들이 수확해 온 커피에 대한 공정한 평가와 대가를 지급 받았다. 손때 묻은 'HillTop Farmer Note'의 첫 장에는 커피 가공 과정의 유의사항과 그 노고에 대해 더 나은 대가를 지불할 것이라는 약속이 적혀 있었다. 모두가 만족할 수는 없었겠지만 돌아가는 농부의 뒷모습이 쓸쓸해 보이지만은 않았다. 이렇게 수매된 파치먼트는 창고로 옮겨졌다.

최초로 힐탑과 함께 한 농부

지금도 보베 응감이 이 빠진 얼굴로 환하게 웃으며, 즐겨 입던 푸른색 트레이닝복을 입고 걸어 나와 불쑥 위트를 던질 것만 같다. 촘촘하고 단단하게 엮어 선물해 준 왕골 접시를 보면서 농부들과 함께 평생 일궈 온 커피에 대한 열정이 잘 숙성된 와인처럼 오래도록 남아 기억 될 것이다. 그는 자신의 집 앞에 있는 벨로 조합에 커피를 판매하지 않고 힐탑과 함께 하는 최초의 농부였다. 처음 마을의 농부들 7명을 설득해 현재 40개 마을에 600명 이상의 농부들이 함께 하도록 했다. 자신의 집 앞 마당을 힐탑의 파일럿 벨로-아차(Belo-Acha) 마이크로 워싱 스테이션 부지로 내놓았고, 이후 2개를 더 지을 수 있도록 했다. 항상 새로운 농업 및 가공 기술에 대한 아이디어를 시도했고 이를 받아들일 준비가 되어 있었다.

그는 2019년 12월 5일 손자들이 더 나은 카메룬에서 살아가기를 꿈꾸며 영면했다.

커핑노트에 표시된 모든 맛이 어우러진 커피

버즈커피 **안명호** 대표

1999년 '커피 볶는 집'으로 출발한 버즈커피는 정통 이태리 에스프레소 머신을 독점 수입하며 전수 받은 커피 레시피, 일본 로스팅 장인으로부터 습득한 로스팅 기술과 블렌딩 노하우를 바탕으로 직영점 10개, 가맹점 110개를 오픈했다. 지금은 바리스타 교육, 로스팅 교육, 원두커피를 공급하고 있다.

버즈커피에게 카메룬 커피는 어떤 의미인가요?

버즈커피에서 카메룬 커피가 스페셜티커피로 자리 잡는 데는 그렇게 오랜 시간이 걸리지 않았습니다. 맛도 특별하지만 공정무역 커피라는 게 알려지며 소비자들에게 각광을 받고 있습니다.

카메룬 블루마운틴 커피 맛의 특징은 무엇이라 생각하시나요?

함께하는 이들과 같이 빛나는 샤인위드컴페니언(작은농부) 커피의 맛은 단연 특별합니다. 유기농 커피에서만 맛 볼 수 있는, 커핑노트에 표시된 모든 맛이 조화를 이루어 그 진가를 발휘합니다.

좋은 커피란 무엇일까요?

품질이 좋고 맛있어야지요. 생두 본연의 속성을 드러내는 로스팅, 정성스런 추출이 뒷받침되어야겠지요.

지속가능한 커피는 '가치의 고리'

마티 폰차(Matti Foncha) 씨는 2019년 6월 한국을 찾았다. 열흘 동안 힐탑의 카메룬 커피를 지속적으로 사용해 온 곳들을 찾아 한국 커피인들과 만났다. 그가 전한 핵심 메시지는 힐탑 농부직거래의 정신인 "함께 일하고 세상을 변화시킨다(Working together, changing our world)"였다. 내가 그들에게서 배운 '협력'은 성공의 공유가 아니라 '위험을 공유하는 것'이었다. 성공만을 꿈꾸며 그것을 좇아 모인 사람들이 탈이 나는 경우를 자주 목격한다. 성공한 사람과 함께 하고 싶어 하고 도움이 될 만한 사람에게 필요한 정보를 얻기를 바라며 이것이 협력이고 성공의 방법이라고 생각해 왔다. 실패는 상대 탓이고, 성공은 자신의 몫이라 여긴다.

그렇지만 위험을 기꺼이 나눠지겠다고 생각하고 모인 이들에겐 실패는 없다. 실패는 자신의 몫이고, 성공은 모두의 것이 될 수 있다. 힐탑 농부직거래가 지금보다 더 튼튼하고 큰 고리의 사슬이 된다면 세상은 이 고리로 이어지리라 믿는다. 아래는 그와 한국 소비자들이 주고받았던 내용이다.

- 힐탑 농부직거래 조합의 소개를 부탁합니다.

우리 커피의 주인은 '작은 농부들'입니다. 엄밀하게 말하면 협동조합은 아닙니다. 조합원에 대한 강제성이 없기 때문이죠. '카메룬 보요커피'는 힐탑의 브랜드입니다. 저는 작은 농부들의 커피를 알리고 판매를 돕는 창구역할을 합니다.

- 카메룬의 커피 재배 방식이 궁금합니다.

카메룬은 일부 지역을 제외하고는 농장 형태로 커피를 재배하거나, 관리하는 방식으로 발전하지 않았습니다. 평균 재배 면적이 0.2헥타르 미만으로 각 마을마다 자신들의 집 주위 텃밭에서 커피를 재배합니다.

- 그럼 커피 품질 관리가 어려울 것 같은데요?

저희들은 마을들을 돌며 족장들을 설득하고, 그 지역 청년들을 채용해 농부들을 대상으로 한 프로세싱 교육과 품질 관리를 맡깁니다. 품질 관리 방식은 지역 마을 사람들끼리 2~4명씩 매칭을 시켜서 진행합니다. 단, 한 그룹이 20명이 넘지 않도록 합니다. 20명이 넘어가면 커뮤니케이션이 원활하지 않기 때문이죠. 수확한 커피를 보고 자연스럽게 서로의 품질을 비교하고 개선 방법을 공유합니다. 이 방식은 놀라울 정도로 빠르고 효과적입니다. 무엇보다 이웃 간 경쟁이 아닌 상호 유대감을 높여줍니다. 누가 감시하고 억지로 교육시키고 값을 정하는 식의 훈련이 아닌 상호협력의 공동 결과물이 자연스럽게 나오게 되는 것이죠.

- 힐탑 농부직거래는 각 마을의 커피를 어떻게 수매하나요?

카메룬의 커피 수출회사들은 농부들이 마을의 단위 조합으로 가져온 커피를 자신들이 정해 놓은 가격으로 지불합니다. 형편이 어려운 고지대 소농들은 커피를 가져오는 데 비용이 들기도 하는등 타산이 맞지 않아 커피 농사를 포기해왔습니다. 수출회사와 농부들도 품질 관리에 신경 쓰지 않다보니 카메룬 전역에서 수매된 커피가 섞여서 품질이 균일하지 않은 채로 그냥 카메룬 커피라는 이름으로 팔렸습니다.

힐탑은 농부들이 커피를 가져 오도록 하지 않습니다. 직접 마을로 찾

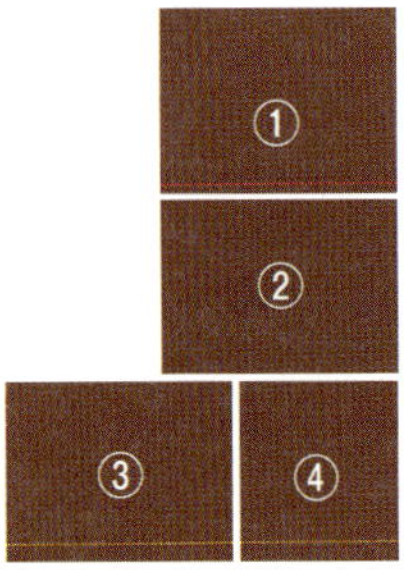

① 마티 폰차
② 마티 폰차는 방한 기간 중 마스터 오브 로스터 대회 특별심사위원으로 참여했다.
③ ④ 2019년 6월 마티 폰차 한국초청 행사

아가 현장에서 직거래로 수매해서 메인 센터로 가져와 마을별, 즉 산지별로 구분해 가공합니다. 이렇게 해야 이력과 품질 관리가 가능하기 때문이죠.

- 커피 산지에서 중요한 게 무엇일까요?

서로의 가치를 공유하는 겁니다. 커피의 품질을 따져 돈을 더 주고 적게 주는 것으로 훈련시키는 것은 단기적으로 효과적일 수 있으나, 신뢰가 바탕이 되지 않습니다. 커피농사를 포기하는 농부들에게 동기를 부여할 수 없으며 지속가능한 발전을 이룰 수 없습니다.

- 가치의 공유에 대해 좀 더 설명을 부탁합니다.

'가치의 고리'는 목걸이의 구슬처럼 농부에서부터 판매자, 소비자에 이르기까지 모두 하나라는 생각입니다. 상호존중으로 서로를 독려하며 개선해 나가는 것이 모두 체인처럼 연결됩니다. 협동과 협력으로 상생의 단단한 고리를 만들어가는 것입니다.

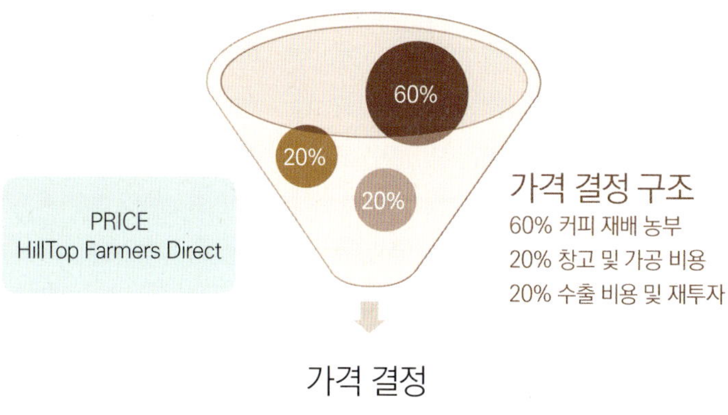

최상의 밸런스, 와인글라스로 마시고 싶은 커피

이슬커피 **박영희** 대표

부산에서 태어나 가톨릭대 간호학과를 졸업하고 대한항공 17기 스튜어디스로 근무하다 퇴직했다. 한국 1세대 핸드드립의 장인으로 평가받는 고(故) 박상홍 선생의 장녀로 '이슬커피' 기술을 전수받았고, 현재 이를 전파하는 교육사업을 하고 있다.

박영희 대표님께 카메룬 커피는 어떤 의미인가요?

양보다 품질에 집중한 공정한 커피라고 생각합니다. 한국을 방문했던 마티 폰차 씨로부터 직접 들은 농부들의 노력과 정성이 담겨 있어서 좋았어요. 특히 가을 언덕의 하얀 들국화 향기가 바람에 실려 오는 듯한 느낌에 반해 더 사랑하게 되었습니다.

카메룬 블루마운틴 커피 맛의 특징은 무엇이라 생각하시나요?

신맛, 단맛, 쓴맛 등이 최상의 밸런스를 이뤄 와인글라스로 마시고 싶은 커피입니다. 오렌지가 가득한 풍경이 펼쳐져 완숙한 과일주스의 맛이 떠오르는 매력을 지닌 커피라고 느꼈습니다.

좋은 커피란 무엇일까요?

좋은 커피의 조건은 여러 가지가 있겠지만 크게 3가지라고 생각합니다. 첫째, '맑은 커피'로서 지나치게 가는 분쇄는 금물이고 미분 등이 제거되고 추출 시간이 일정해야 합니다. 두 번째, 감칠맛과 커피의 개성이 느껴지는 커피로 이를 위해서는 추출 시 온도를 배전도에 맞게 추출합니다. 세 번째로 물줄기의 굵기가 고르고, 정해진 양과 시간으로 일관되게 추출해야 합니다.

부친 박상홍 선생과 함께

카메룬 커피산지

\ 오쿠-토론(Oku-Tolon), 푼동-아부(Foundong-Abuh) 마을 \

가파른 황톳길을 지그재그로 오른다. 짐을 지고 오르고 내리는 사람들은 가까스로 좁은 갓길로 비켜서고 그럴 때마다 먼지를 덮어씌우는 것이 너무 미안해 고개를 들 수 없게 한다(2017년에 도로 포장). 건너편 삐죽하게 높게 솟은 산은 검은 화산석에 간신히 붙은 단출한 풀들이 쥬라기 공원을 연상시킨다. 차도 아슬아슬하게 비틀거리며 숨 가쁘게 산마루에 오르니 고도계가 2,560m를 가리켰다.

2014년 '스타벅스 리저브 도쿄'에서 오쿠가 판매되는 것을 보고, 그해 카메룬에 갔을 때 오쿠에 꼭 가고 싶다며 안내를 부탁했을 때 현지인은 손사래를 쳤다. 산마루의 수풀 사이로 보석을 뿌려놓은 듯 반짝이는 칼데라 호수, 오쿠 호수(OKU Lake)를 발견했을 때 그 신비스러움은 금방이라도 공룡이 호수 수면 위로 머리를 내밀 것만 같았다.

호수 전체를 보기 위해 고사리가 키만큼 자란 호수 옆 숲길을 헤치고 갔다. 호텔을 건축하다 멈춰 골조만 있는 건물을 휘감은 넝쿨과 이끼의 습기가 음산했지만, 혹시라도 호텔이 생긴다면 하루 묵고 싶다는 생각을 하게 했다. 산마루를 넘어 내려가면서 해발 2,000m에서 1,500m에 걸쳐 35개나 되는 오쿠 계곡이 펼쳐진다. 계곡 한 가운데에 토론(Tolon) 마을이 있다. 마을은 철물점과 상점들도 있어 시골 읍내를 연상시켰다.

비탈길에 우뚝 자리한 '클럽 토론'에는 제법 큰 홀이 있어, 우리들은 그곳에 자리를 마련했다.

커피 가공 표준 샘플을 펼쳐놓고, 지금 카메룬 노동자들의 현실을 풍자한 포스터도 세워 놓았다. 마을 촌장과 사람들이 모이자, 농촌의 현실과 내일을 위해 해야 할 노력에 대해 이야기했고, 나도 한마디 힘주어 거들었다.

"당신들의 훌륭한 커피를 찾아 저 멀리 한국에서 왔습니다. 그러니 커피 농사를 포기하지 말고 우리 함께 변화시켜 나갑시다!"

오쿠 호수가 잉태한 플레이버

오쿠 호수의 깨끗하고 풍부한 물과 고도가 높고 비탈진 지형적 특성으로 커피나무들이 햇볕을 고르게 받고, 배수가 좋다. 그리고 새벽안개를 머금었던 커피 체리가 햇볕을 받으며 과육을 단단하게 해주어 커피의 밸런스가 뛰어나고 플레이버의 스펙트럼이 넓다. 오쿠 계곡의 중심에 있는 토론은 평균 해발 1,700m에 위치해 토론 계곡의 가공시설을 갖춘 단위 조합이 있는 엘락(Elack; 해발 2,000m) 마을 커피에 비해 맛이 부드럽고 밸런스가 뛰어났다. 힐탑 농부직거래의 코디네이터인 차리티(Chariti) 씨의 아버지는 이곳 토론 마을에서 가장 많은 커피나무를 갖고 있다고 했다. 한국에 들어오는 오쿠-토론 커피의 대부분이 그녀의 집 커피이다.

차리티 씨를 처음 본 것은 2017년 1월이었다. 그녀는 당시 코디네이터인 엘리자베스에게 업무를 인수받고 있는 중이었고, 우리 세 사람은 저울과 커피를 담을 빈 포대를 들고, 푼동(Foundong) 지역에 있는 아주 작은 아부(Abouh) 마을로 커피 수매를 하러 같이 갔다. 가는 길에 나무가 쓰러져 길을 막고 있어서 그것을 치우고, 차도 못 들어가는 산길을 한참을 걸어서 마을 어귀에 도착했다. 그때 개울가에서 엄마와 빨래를 하던 어린 소녀는 낯선 나를 보고 놀라 물이 담긴 양동이를 냅다 내던지고 도망을 쳐 괜히 미안한 마음이 들었다.

아부 마을에서 마주한 자연 속 커피나무

나는 그곳에서 5m 넘게 자라 최소 70~80년은 넘어 보이는 티피카 품종의 커피나무와 늘어진 커피 나뭇가지에 줄을 매 그네를 타고 노는 그 집 농부의 손자들의 천진함을 보았다. 소득을 위해 커피를 재배하는 커피 농장에서는 있을 수 없는 광경이었다. 아름답고 자연스럽다는 것은 그냥 자연과 함께 할 때였다.

우리는 집 대들보에 저울을 걸어 수확해 놓은 커피의 품질을 확인하고 무게를 달아 그 자리에서 커피 값을 지불했다. 늙은 농부에게 한국에서 가져 온 원두 한 봉지를 선물했는데, 신비스런 향을 맡은 듯 고마워했다. 우리를 뒤따라 온 오토바이에 실어 보내고, 돌아오는 길에 양동이를 찾으러 온 소녀와 다시 마주쳤다. 아이는 그때서야 수줍게 웃으며 손을 흔들어 주었다. 돌아 올 때는 큰길까지 꽤 많이 걸어야만 했다.

길에서 파는 사탕수수 두 줄기를 사서 두꺼운 껍질을 벗겨 자신들만 먹길래 "왜 나는 안 주고 너희들만 먹느냐?" 했더니, 그녀들은 놀라서 깨끗하지 못한 상태라 안 먹을 것 같아서 그랬다며 거듭 미안하다고 했다. 내가 제일 좋아하는 것이 사탕수수라고 농담을 했다. 그녀들은 나를 귀한 집 도련님쯤으로 생각했던 모양이었다.

그때 차리티는 낯을 가렸는데, 이듬해 다시 그녀를 만났을 때는 결혼을 해 떠난 '엘리자베스'의 자리를 오롯이 대신하고 있었다. 농부들 앞에서 연설을 할 때는 깜짝 놀랄 정도로 카리스마를 보였다. 오쿠(Oku) 계곡은 힘들게 찾았던 만큼 숨겨 놓은 보석처럼 다양한 색과 맛을 가지고 있었다. 커피가 삶을 만나면 언어가 되어 기록으로 남는다.

오쿠-토론(Oku-Tolon) 커피

산지	카메룬(북서지역)→부이 디비전→오쿠 서브 디비전→토론 마을
고도	1,700m
품종	블루마운틴, 일부 자바
가공방식	내추럴, 펄프드내추럴, 세미워시드
풍미	자두, 재스민, 멜론, 밀크초콜릿, 굿밸런스

푼동-아부(Foundong-Abuh) 커피

산지	카메룬(북서지역)→보요 디비전→푼동 서브 디비전→아부 마을
고도	1,700m
품종	블루마운틴, 일부 자바
가공방식	내추럴, 펄프드내추럴, 세미워시드
풍미	자두, 재스민, 멜론, 밀크초콜릿, 굿밸런스

HILLTOP FARMERS

CLUB TOLON
HILLTOP FARMERS DIRECT
CAMEROON - BOYO COFFEE

개성을 발휘할 수 있는 좋은 콩의 전형

베토벤하우스_대구
김미희, 남우선 대표

2017년 8월 준공한 베토벤하우스는 기하학적인 형태미를 강조하며 미니멀한 외관에 단순한 창호를 채택, 최근 건축 경향을 적극 반영한 조형미를 지닌 아름다운 건축물로 명성을 얻고 있다. 클래식 아카데미 겸 카페는 2017년 12월 23일 오픈했다. 클래식을 사랑하는 사람들이 주축이 되어 클래식을 강의하고 살롱음악회를 여는 등 오스트리아 비엔나에서 시작한 음악동호회 운동(무지크페레인)을 한국에서 해보자는 취지로 5명의 이사들이 베토벤하우스를 꾸리고 있다. 2023년 영종도에서 더 넓고 멋진 공간으로 클래식 애호가들과 만날 계획이다.

베토벤하우스에게 카메룬커피는 어떤 의미인가요?

베토벤하우스가 추구하는 로스팅 원칙은 생두의 성격을 가장 잘 드러내는 로스팅, 커피의 맛을 로스터 마음대로 강제하지 않고 '가장 맛있을 때'의 범주를 넘어가지 않는 겸손한 로스팅입니다. 자신의 로스팅 방식을 고집하거나 강요하지 않는 유연함입니다.

이런 의미에서 카메룬 커피는 로스터의 개성을 마음껏 발휘할 수 있는 좋은 콩의 전형이 될 만한 미덕을 지닌 커피라고 생각합니다. 밸런스가 잘 맞고 핸드픽이 필요 없을 만큼 깨끗한 콩인데다 적절한 산미와 달콤함, 부드럽고 넉넉한 바디감을 자랑하는 좋은 생두입니다. 드립용 싱글로도 인기가 높지만 에스프레소 블렌딩의 메인으로 50%를 섞어 쓰는데, 베토벤하우스만의 수준 높은 커피를 만들어 줍니다.

카메룬 블루마운틴 커피 맛의 특징은 무엇이라 생각하시나요?

조화로운 밸런스는 스페셜티커피의 표준이라 할 만합니다. 특히 카메룬 안장(Anjang) 생두는 맛의 그라데이션과 표현감이 정말 탁월합니다. 게다가 적정한 함수율과 청결한 품질은 로스터와 바리스타의 기대를 충족시키며 고객을 만족시켜 줍니다.

좋은 커피란 무엇일까요?

긴 말이 필요 없는 것 같습니다. 내리는 사람도 즐겁고 자부심을 느끼게 하며, 마시는 사람은 행복한 커피가 아닐까요? 또한 깔끔하고 후미가 긴 것이겠지요. 화려하고 우아한 산미가 강조되면서도 중후한 바디감을 잃지 않는 밸런스가 잘 잡힌 커피입니다.

\ 아케(Akeh) 마을 \

기계충 자국처럼 수없이 뜯겨나간 포장길을 아슬아슬하게 피해 달리다 그 길을 벗어나면 어느 순간 굳은 황토로 반들반들해진 비포장 길로 이어진다. 도로는 누더기 아스팔트보다 단단하지만 앞 차와 꽤 먼 거리를 두지 않으면 황토 먼지가 일어 길을 놓치거나 자칫 낭떠러지로 떨어지기 십상이었다.

운행 중인 자동차는 최소 30년이 넘은 듯 보였고 에어컨은 작동하지 않았다. 더워도 먼지 때문에 창문을 닫거나 손수건으로 두건을 해야 했다. 그래도 걷지 않고 차로 갈 수 있다는 것이 감사하고, 이 낡은 차로 등

산로 같은 가파른 길을 오르고 내린다는 것이 신기했다.

아케(Akeh) 마을 입구에선 미리 연락을 받은 주민들이 마중을 나와 환영의 춤과 노래로 우리를 맞이했다. 마을 중앙을 가로지르는 길은 마치 하늘로 향하듯 닿아 있었다. 적도의 푸른빛을 지나 이곳 해발 1,700m에 도달한 해는 구름에 가려져 청량했고, 누군가는 반팔을 또 어떤 이는 두툼한 점퍼를 입고 있었다. 하얗고 큰 눈망울들이 신기한 표정으로 모두 나에게로 향해 있었지만 낯선 이방인으로 경계하는 모습은 찾을 수 없었다. 끼니를 놓친 우리를 위해 기꺼이 점심을 내오고 부족한 찬거리에 미안해했다.

마을 어른들과 촌장의 집을 찾아가 우리의 일을 설득하고 협조를 구했다. 강당에 모인 농부들에게 새롭게 함께 만들어 갈 미래의 변화와 가치에 대해 이야기를 나누었다. 커피는 그렇게 그들의 땀으로 우리의 잔에 담겼다.

영국과 프랑스의 식민지를 거치며 토착 언어와 혼합된 '피진 잉글리시(Pidgin English)'를 사용하는 그들과의 대화는 서툰 영어 실력을 가진 나에게는 오히려 편하게 받아들여졌다. 흙과 하늘과 대화하며 살아가는 농부들의 마음은 어느 나라, 누구라도 그 폭만큼 넓었다. 커피나 음식의 맛은 그것을 만드는 사람의 마음을 우려냈다. 그 사람들이 순하고 유하면 그 맛도 부드러웠다. 그래서 카메룬 블루마운틴은 그 어떤 나라의 커피보다 달고 부드럽다. 비옥한 화산토와 붉은 황토, 풍족한 비, 아케(Akeh)마을의 커피를 맛보면 수박 같은 청량함과 밝음이 느껴진다.

커피는 자연을 담고, 사람은 자연을 닮고

그동안 커피 농사를 지으며 커피를 마셔본 적이 없다고 했던 카메룬의 농부들에게 꼭 해 주고 싶었던 일이 있었다. 내 손으로 그들에게 커피 한 잔을 내려 대접해 주고 싶었다. 대대로 커피 농사를 지으며 평생 처음 맛보는 검게 변한 커피 알갱이에서 뿜어져 나오는 향과 맛을 전해 줄 수 있었다. 농부의 투박한 손에 커피를 따르며 요동치던 나의 심장과 방안 가득 채운, 설명할 수 없는 수많은 감정들을 잊을 수 없다.

커피는 자연을 담고, 사람은 자연을 닮는다. 언어와 맛에는 그것이 배어 있다. 이곳은 네 번째 힐탑 농부직거래가 지원하는 마을로 커피 가공 시설이 들어설 예정이다.

아케(Akeh) 커피

산지	카메룬(북서지역)→보요 디비전→아케 마을
고도	1,700m
품종	블루마운틴, 일부 자바
가공방식	내추럴, 세미워시드
풍미	푸른 사과, 수박, 머루, 발랄함

어네스트가 아케 농부들에게 '구슬도 꿰어야 보배' 라는 우리 속담처럼 함께 가치의 사슬을 만들어 보자고 연설하는 모습

'행복하다' 느낄 수 있는 커피

서래수 **김정희** 대표

2007년 오픈한 서래수는 서울시 서초구 서래마을에 위치한 로스터리 카페로 독일의 멜리타 아로마 드리퍼를 이용한 핸드드립 커피전문점이다. 봉준호 감독이 영화 〈기생충〉의 시나리오 작업을 한 장소로도 알려졌다. 김정희 대표는 골든커피어워드 밀크베이스 부문을 수상했고, 골든커피어워드 대회심사위원으로 활동하고 있다.

서래수에게 카메룬 커피는 어떤 의미인가요?

커피 마니아들을 위해 메뉴판에 있지 않은 다양한 커피도 취급하고 있는데, 그 중 하나가 카메룬 커피입니다. 고객들에게 생소한 국가의 커피지만 블루마운틴이라는 품종 때문에 인기가 좋습니다. 특히 원두커피 선물용으로 사랑받고 있습니다.

카메룬 블루마운틴 커피 맛의 특징은 무엇이라 생각하시나요?

견과류의 고소함과 단맛이 좋고 묵직한 커피입니다. 작년엔 1개 산지의 생두를 사용했는데 올해는 2종을 쓰고 있습니다. 그 중에서 개인적으론 카메룬

'폼봇'을 더 좋아합니다. 2021년에는 더 다양한 향과 풍부한 단맛이 아주 만족스럽네요.

좋은 커피란 무엇일까요?

한 잔의 커피를 마시면서 '맛있다'보다 '행복하다'고 느낄 수 있는 커피가 아닐까요? 맛있는 한 잔의 커피는 훌륭한 커피의 맛 때문이거나 마음에 드는 공간, 함께 하는 사람일 수도 있고, 잠깐의 여유일 수도 있습니다. 이 모든 것이 함께 어우러져 커피 한 모금을 마시며 '행복하다'고 느낄 수 있다면, 커피를 사랑하고 카페를 운영하는 제가 고객에게 줄 수 있는 최고의 서비스이며 행복이라고 생각합니다.

\ 노니-딘(Noni-Din) 마을 \

차는 차리티의 집 앞을 지나 곧게 뻗은 길을 달렸다. 앞서가던 차가 일으키는 먼지로 짙은 안개 속 같은 길을 용케도 잘 달리는 듯했다. 우리는 한참 후에서야 앞 차가 보이지 않아 그때서야 좀 전 갈림길에서 길을 잘못 들었음을 알아차리고 차를 되돌렸다. 운전을 맡은 프루(Fru) 씨는 노니(Noni) 지역을 이번에 처음 가본다며 쑥스러워했다.

비포장으로 다져진 황톳길은 건기가 되면 먼지가 양철 지붕에 내려 앉아 붉게 물들였고, 우기에는 밀가루 반죽같이 끈적거려 발목을 잡았다. 도로는 먼지가 일어도 포장과 보수가 제대로 되지 않아 누더기가 된 아스팔트 길보다 타이어 펑크 위험이 덜 해 건기에는 오히려 다니기가 수월했다.

비포장 길을 1시간쯤 달려 도착하니 구릉 위로 아직 각목으로 뼈대와 지붕만 얹어 놓은 건물이 보였다. 노니 마을에 지원해서 짓고 있는 힐탑과 내가 지원하는 3번째 마을의 가공·창고 시설이었다. 차가 큰 나무 아래에 이르자 건물에 모여 있던 사람들이 나와 길게 도열해 우리를 황송하게 했다. 커피 품질 관리를 책임지고 있는 청년들이 맨 앞에서 우리를 맞이했다. 마을 어른들과 악수를 나누며 건물로 들어섰다. 창고 가득 둘러앉은 사람들 앞에서 우리는 한 사람씩 간단하게 자신을 소개했다.

이어서 기도를 하고 커피 수확, 품질 관리, 그리고 우리가 추구하는 커피의 가치에 대해 이야기 했다. 차리티는 평소와 달리 모두를 삼킬 듯 카랑카랑한 목소리와 제스처로 모두를 소름 돋게 했다. 이어서 마을 농부들의 자유로운 질문이 이어졌다. 주로 커피 재배에서 품질 관리에 대한 어려움과 그에 따른 가격에 대한 의견들이었다. 이어서 농부들이 각자 가져온 커피의 수매가 시작될 때 우리는 얼마 전 사망한 마을 족장(Fon)의 문상을 가기 위해 마을로 향했다.

족장의 팰리스(Palace)는 앞에 작은 광장이 있고, 양철로 뾰족하게 세운 3개의 첨탑을 중심으로 건물이 사각으로 둘러싸고 있었다. 우리는 밖에서만 있기로 되어 있었지만 마티(Matti) 씨에게 같이 들어가고 싶다는 의견을 족장에 전했고 승낙을 얻어냈다. 우리는 목각 레오파드(표범의 모피)와 신물들로 장식된 접견실에 일렬로 앉아 아버지를 이어 자리를 물려받았다는 새로운 족장을 알현했다. 족장은 마을의 왕과 같아서 족장의 허락 없이 바로 쳐다보거나 직접 대화를 나눌 수 없었다. 담당하는 신하를 거쳐 전달되어졌고, 그는 우리와 족장 사이를 분주히 오가며 말을 전했다.

역사와 전통은 맛의 뿌리

고개를 숙인 채 눈을 치켜세워 살핀 족장은 건장한 체구에 몸에 화려한 장신구를 두르고 푸른 슬리퍼를 신고 있었는데, 자리에 앉자 발바닥 모양으로 왕골로 짠 듯한 곳에 맨발을 올려놓고 있었다. 그리고 그 옆에 함께 따라 나온 자신의 딸이 인형처럼 앉아 있었다.

족장은 손님들에게 '팰리스 워터(Palace water)'를 내놓았다. 한 사람씩 족장 앞으로 나가 무릎을 꿇고 쇠뿔에 담긴 '팰리스 워터'를 두 손을 오므려 받아 마시고, 손뼉을 세 번 치고 뒤로 물러나와 각자의 자리로 돌아왔다. 그 색은 '밀키스' 같고, 맛은 달고 맑은 막걸리 같았다. 사탕수수로 만든 발효주라고 했다. 마티 씨는 자신의 아버지와 돌아가신 족장과의 인연에 대한 이야기와 우리가 하고 있는 마을 커피 재배 지원에 대해 족장의 관심과 지원을 요청했다. 이후 족장은 사진 촬영과 팰리스를 편하게 둘러보도록 허락했다.

족장은 조의에 대해 답례로 다산과 용맹을 상징하는 닭을 선물로 주었다. 창고로 돌아오니 커피의 품질 검사가 끝난 집은 각자의 장부에 자신이 가져온 커피 파치먼트 무게와 금액을 기록하고, 80kg 포대 자루에 옮겨 담아 보관 창고로 옮기는 작업을 하고 있었다. 커피 수매가 끝나면 모아진 커피는 가공시설이 있는 곳으로 옮겨져 훌링(huling)과 결점두를 골라내는 핸드픽(hand pick) 작업을 하게 된다.

해는 어느새 마을 뒷산으로 넘어가고 산 아래 마을 굴뚝에서는 저녁을 준비하는 연기가 마을을 휘감는 것이 보였다. 역사와 전통은 맛의 뿌리이며 그 뿌리의 깊이를 아는 만큼 커피는 깊고 달콤한 한 잔의 쉼으로 다가온다.

노니-딘(Noni-Din) 커피

산지	카메룬(북서지역)→부이 디비전→노니 마을
고도	1,650m
품종	블루마운틴, 일부 자바
가공방식	세미워시드
풍미	백도, 패션후르츠, 시럽, 사탕수수, 밀크초콜릿, 매끈하고 부드러움

누구나 만족, 섬세한 꽃 향과 복합적인 맛

바람커피 **이담** 대표

제주에서 커피를 시작한 이담 대표는 2013년~2018년 직접 로스팅을 하고 핸드드립 커피를 제공하는 커피트럭을 몰고 전국을 순회했다. 커피 여행을 마치고 2018년 6월 서울 연남동 골목 안쪽에 '바람커피'를 오픈했다. 다양한 싱글 오리진 커피뿐 아니라 오리지널 블렌딩 커피 등으로 스페셜티커피를 알리고 있다. 2021년 봄에는 본점에서 조금 떨어진 곳에 로스팅 공방 겸 커피 시음, 원두 판매를 하는 '바람커피 원두상점'을 열었다.

바람커피에게 카메룬 블루마운틴 커피는 어떤 의미인가요?

바람커피에선 다양한 산지에서 나오는 훌륭한 커피들을 소개하는 것에 큰 의미를 두고 있습니다. 손님들이 지역이나 취향의 편식이 없이 좋은 커피는 이런 것이라는 것을 직접 느끼게 해주는 것이죠. 그런 의미에서 카메룬 블루마운틴 커피는 좋은 품종에서 비롯된 맛과 아프리카 서부 카메룬이라는 땅에서 나오는 독특함을 같이 느낄 수 있게 해주는 중요한 커피이자 제가 사랑하는 커피이기도 합니다.

손님들에게 카메룬 커피를 소개하면 "카메룬에서 커피가 나오는 것을 처음 알았다"고 하면서 카메룬이라는 나라에 관심을 가지기 시작합니다. 자연스럽게 커피의 산지와 품종에 대한 이야기가 시작이 되고, 예상치 못했던 훌륭한 커피의 맛에 감탄을 하죠. 그리고 카메룬 커피 농부들의 이야기도 자연스럽게 연결이 됩니다. 우리가 맛있는 커피 한 잔을 마실 수 있는 것은 무엇보다도 농부들의 땀과 노력이 있기 때문이라는 사실을 다시 한 번 되새기게 됩니다.

카메룬 블루마운틴 커피 맛의 특징은 무엇이라 생각하시나요?

정말 맛있는 커피입니다. 누가 마시더라도 거부감이 없는 부드럽고 고급스러운 산미, 고소하고 달콤한 견과류, 밀크초콜릿, 카카오의 향미, 깨끗하고 깔끔하게 떨어지는 뒷맛이 있죠. 섬세한 꽃 향과 복합적인 맛은 마실 때마다 감탄하게 됩니다. 신맛을 부담스러워하는 커피 초보 손님에게도 권할 수 있고, 다양한 고급 커피 마니아에게도 만족을 줄 수 있는 커피입니다. 생산된 마을마다 커피의 개성이 달라서 로스팅, 추출할 때 좀 더 신경을 써야하지만 그만큼의 좋은 결과가 있기에 더 많은 감동을 안겨주는 커피이기도 합니다.

좋은 커피란 무엇일까요?

생산된 지역과 품종의 개성이 드러나야 하고, 복합적인 맛과 향을 품고 있어야 하며, 부정적인 부분이 없어야 한다고 생각합니다. 그런 면에서 카메룬 커피는 정말 좋은 커피입니다.

\ 벨로-아차(Belo-Acha) 마을 \

힐탑 농부직거래의 중앙 센터가 있고, 필드 매니저 어네스트가 살고 있는 벨로-아차(Belo-Acha) 마을은 그의 아버지 보베 씨가 늘 반겨주던 곳이었다. 그가 내게 "이제 함께 숨 쉬게 되었다"며 와인 잔을 나눠 마셨던 곳이기도 하다. 집 주변으로 커피나무와 그 사이로 카카오나무도 간간히 보였다.

커피를 보관하는 창고와 작은 워싱 탱크 그리고 펄핑과 훌링 기계가 있고, 마당에는 커피를 말리는 베드가 놓여 있다. 에티오피아나 케냐에 비하면 비교도 되지 않을 만큼 작은 규모이고 열악한 시설이지만 함께 변화를 꿈꾸는 이들의 뜨거운 심장이 있는 곳이다. 2016년 이곳에 우리 후원금이 마중물이 되어 새로운 창고가 세워졌고, 그곳에 "All One Program: 세상 모두가 하나"라는 문구가 적힌 현수막이 걸리던 날의 감회를 잊을 수 없다. 아이들은 어느새 나를 삼촌으로 여기고 기꺼이 손을 잡아 이끈다. 마당에 옹기종이 모여 앉아 운동화를 빨며 콧물을 훔치던 '피터'도 어느새 씩씩한 소년이 되었고, 철없이 구는 동생들을 챙기던 페니엘은 숙녀 티가 난다.

그러나 2016년 10월 경찰들이 변호사들과 교사들의 평화시위를 무력 진압하고, 관련자들을 체포, 구금했다. 2017년에 방문했을 때에도 이 사태가 해외에 알려지지 못하도록 이들 지역의 인터넷은 모두 차단되어 있었고, 사람들이 모이면 모두 체포해 갔다. 그리고 저항하는 시민들이 늘어나고 거세지는 곳에는 헬기를 띄워 총을 무차별 난사했다.

2018년에는 우리가 벨로-아차 마을을 떠난 지 몇 시간 지나지 않아 검문에 불응한 마을 청년이 경찰이 쏜 총에 죽었다. 이에 분노한 마을청년들이 경찰을 살해했고, 군은 헬기를 동원해 이 지역에 총을 난사했다. 다음날 아침 우리와 합류하기로 한 어네스트와 연락이 되지 않았다. 그 소식에 놀라 아침을 먹고 있던 숟가락을 내려놓았다. 모든 길은 검문으로 살벌했고, 사복 경찰은 내내 우리를 감시했다.

지금 아이들은 안녕할까?

마을 아이들은 조금 더 안전한 이웃 친척 집들로 보내졌다. 보고 싶었던 조카, 피터와 페니엘을 볼 수 없었고, 가져갔던 아이들의 선물도 줄 수 없었다. 힘써 만든 가공시설을 잃었고, 결국 어네스트와 가족들은 자신의 집과 고향을 두고 2020년 바멘다(Bamenda) 시로 이주했다. 조카들은 친구들과 헤어져야만 했고, 벨로-아차는 유령마을이 되었다.

커피에는 때로는 그 이상의 가치가 있다. 진짜 좋은 커피와 진정한 문화(Real Coffee, True Culture)가 되기 위해서는 많은 이들의 피와 땀이 담긴다. 커피가 그 '이상의 가치'의 고개를 넘으려면 세상 모든 것에 대한 존중이 필요하다. 벨로-아차의 커피를 마실 때면 피터와 페니엘의 얼굴이 먼저 떠오른다.

벨로 아차(Belo-Acha) 커피

산지	카메룬(북서지역)→보요 디비전→벨로 서브디비전→아차 마을
고도	1,500m
품종	블루마운틴, 일부 자바
가공방식	내추럴, 세미워시드, 풀리워시드
풍미	살구, 건포도, 허브, 초콜릿

HILLTOP FARMERS DIRECT
H.F.D
ACHA GROUP (1) CENTRAL WASH
BELO SUB DIVISION-BOYO
Motto: WORKING TOGETHER, CHANGING OUR WORLD

H.F.D
OUR PRIORITY
ACHA GROUP (1) CENTRAL WASH

ECOLINE-400

깊은 풍미, 우아한 기품

<식객>
<커피 한 잔 할까요?>
이호준 작가

이호준 작가는 한국에서 가장 사랑받는 만화가, 허영만 작가와 함께 작업해온 만화 스토리작가이다. 〈식객〉, 〈말에서 내리지 않는 무사〉, 〈커피 한 잔 할까요?〉 등이 대표작이며 만화에 깊이 있는 스토리를 더해 한국 만화의 수준을 높였다는 평가를 받고 있다.

이호준 작가님께 카메룬 커피는 어떤 의미인가요?

카메룬 현지의 정치 불안과 부족들 사이의 불화로 인한 위기의 상황에도 굴하지 않고 커피나무를 지키고 재배하는 농부들의 이야기를 전해 듣고, 거대 자본에 의해 좌지우지 되는 커피 산업에 대한 기존의 시각을 바꾸고 보다 다양한 측면으로 커피를 바라보게 되었습니다. 한마디로 카메룬 커피는 커피 전반에 관한 시야를 보다 넓게 해준 기폭제라 할 수 있습니다.

카메룬 블루마운틴 커피 맛의 특징은 무엇이라 생각하시나요?

자메이카 블루마운틴이 가볍고 경쾌하여 왈츠의 스텝이 연상되는 맛이라면 카메룬 블루마운틴은 보다 풍미가 깊고 풍부해 우아한 기품이 느껴집니다.

좋은 커피란 무엇일까요?

골고루 잘 볶은 원두와 정성 어린 추출로 만든 커피라고 생각합니다.

\ 음베싸(Mbessa) 마을 \

이른 새벽부터 차는 가파른 산길을 숨 가쁘게 올랐다. 마을을 벗어나자 본격적으로 비탈길이 시작되었다. 바위가 드러나 반질해진 길을 오르려다 차가 몇 번을 뒤로 미끄러져 내렸다. 나는 있는 힘껏 자동차의 손잡이를 움켜쥐고 있었다. 생각지도 못한 오프로드 드라이브를 이곳에서 경험했다.

걸어서 오르기에도 경사가 급해 힘든 길을 몇 시간을 안간힘을 쓰고 차로 기어올랐다. 산마루에 오르니 오른편 저 멀리로 오쿠(Oku) 호수가 은박 접시를 띄운 듯 빛나고 있었다. 차가 산마루를 따라 달려 숲을 빠져 나오자, 푸른 초원이 펼쳐지며 마치 전혀 딴 세상에 온 듯 양떼들이 뛰어다녔다. 예쁘게 오두막을 한 채 지어 살고 싶은 이곳의 높이는 해발 2,850m이다.

녹슨 채 쓰러져 방향을 알 수는 없는 표지판이 그래도 오쿠(Oku)와 쿰보(Kumbo), 음베싸(Mbessa) 마을로 가는 길에 있음을 알려주어 안심이 되었다. 내려가는 길은 차가 가지를 헤치며 겨우 헤쳐 나갈 정도로 나무가 우거져 있었고, 바퀴가 굴러가는 것이 아니라 질질 미끄러져 내려갔다. 나무가 길을 막는 것이 아니라 애초부터 차가 지나다닐 수 있는 길이 아닌지도 모른다는 생각이 들었다. 낭떠러지 길을 차는 최대한 벽에 바짝 붙어 내려갔고, 운전수는 산을 오르는 사람을 만나면 불러 세워 재차 길을 물었다. 산을 내려와 보니 결국 차의 뒤쪽 범퍼가 부서져 있었다.

마을은 입구부터 수확철이 지났지만 미쳐 수확되지 않고 붙어 있는 커피 열매들이 보여 이곳이 커피를 재배하는 곳임을 알려 주었다. 마을의 비탈진 길은 여러 개의 갈림길로 되어 있어 한참을 헤매다가 결국 주민들에게 물어 '족장(Fon)'의 팰리스(palace)를 찾을 수 있었다.

우리가 도착했을 때는 많은 주민들이 마치 운동회를 하듯 각기 구분되는 문양과 색의 전통복을 차려입고 무리 지어 있었다. 족장은 건장했고, 의자 앞에는 흰색에 검은 줄무늬가 있는 레오파드(표범의 모피)가 깔려 있었다. 신하를 시켜 맥주나 콜라 중 원하는 것을 물었고, 나는 당연히 맥주를 선택했다. 카메룬 맥주는 5~6개의 브랜드가 있는데 물이 좋아서 그런지 모두 맛이 훌륭했고, 그 중 산뜻한 맛의 '33엑스포트(33EXPORT)'와 묵직하고 부드러운 '캐스텔(CASTEL)'이 입맛에 잘 맞았다. 한국으로 돌아올 때 늘 몇 병 갖고 오고 싶었지만 캔으로 된 것이 없어 번번이 마음을 접었다.

족장은 커피에 관심이 많았다. 자신들의 커피(파치먼트)를 가져오게 해 자랑삼아 보여 주었고, 앞으로 팰리스 건너편 비탈진 산을 개간해 커피나무를 심을 거라며 직접 안내해 주었다. 팰리스를 둘러 봐도 좋다고 허락한 후 메모리얼 데이(Memorial Day) 행사를 위해 전통복으로 멋지게 차려 입고 팰리스 중앙 광장에 모습을 드러냈다. 족장의 인사에 이어 각 마을을 상징하는 색으로 유니폼처럼 맞춰 입은 주민들이 광장의 한가운데로 나와 족장 앞에서 머리를 조아리며 노래와 춤을 추었다. 그러자 행사에 초대받은 사람들은 그들의 발 앞으로 돈을 던지며 감사의 표시를 했다. 나도 무리에 슬쩍 끼어 어깨를 들썩이며 함께 춤을 추었고, 주머니에서 돈을 꺼내 놓고 그 자리를 빠져 나왔다. 아삭하고 사과처럼 단 붉은색이 선명한 당근 하나를 얻어 물고 멀찍이서 행사를 구경했다. 도시와 거리가 멀어질수록 족장의 권위와 전통은 유지되고, 사람들은 자연에 스며들었다.

맛은 이야기다

마을에서 내려오는 길에 산에서 나무를 해서 등에 지고 가는 아이들을 보고 운전사는 다음 날 크리스마스 준비를 위해 필요한 나무를 사기 위해 차를 세웠다. 나도 이때다 싶어 잠시라도 뻣뻣해진 무릎을 펴기 위해 얼른 따라 내렸다. 그 때 찍었던, 수줍어하던 맑은 소녀의 사진이 회사 메인 포스터가 되었다.

높고 청명한 하늘과 나무를 가득 지고 내려오던 소녀, 나무 그늘 밑에 앉아 쉬고 있던 아주머니, 황톳길에 먼지 덮인 들풀들, 이 모두가 음베싸 마을의 커피 맛을 이야기해 준다.

별로 걷지도 않았지만 차 안에서 하도 용을 써서인지 다음날도 온몸이 긴장 상태였다. 팔과 다리 근육이 뭉쳐 며칠간 뻐근했지만 모든 기억은 몸 속에 남았다.

우리는 맛을 기억하는 것이 아니라 추억을 기억한다.

카메룬 음베싸(Cameroon Mbessa) 커피

산지	카메룬(북서지역)→보요 디비전→음베싸 마을
고도	1,850m
품종	블루마운틴, 일부 자바
가공방식	내추럴, 세미워시드
풍미	망고, 블루베리, 리치, 화이트와인

늘 한결같은 '집밥' 같은 커피

(사)Acts29 **폴 배** 대표

커피와 문화, 나눔을 추구하는 비영리 단체 (사)Acts29는 말보다 먼저 행동한다는 의미의 액츠(Acts)와 20대의 마지막 숫자가 29라는 것에서 착안해 2013년 출범했다. 착하고 즐겁게 순환하는 커피의 실현을 모토로 커피와 문화예술, 이벤트를 키워드로 각종 커피 행사를 개최하고, 청소년들을 위한 공연 및 강연 프로그램을 운영하고 있다.

(사)Acts29에게 카메룬 커피는 어떤 의미인가요?

카메룬 커피를 통해 가치와 공유에 대한 생각들을 함께 만들어 간다고 생각합니다. 카메룬의 마티 폰차(Matti Foncha) 씨가 방한했을 때 "협업은 서로의 좋은 것들만을 만들기 위해 노력하는 것이 아니라, 서로의 리스크를 나누는 것입니다. 우리의 힘듦을 나눠지다 보면 좋은 것을 발견할 것입니다"라고 했습니다. 우리 단체가 카메룬 커피를 통해 배워가는 과정은 새로운 협업이라 할 수 있습니다.

카메룬 블루마운틴 커피 맛의 특징은 무엇이라 생각하시나요?

요즘은 다양한 품종과 다양한 프로세싱으로 예전에 경험하지 못한 커피의 맛과 향을 느낄 수 있습니다. 카메룬 블루마운틴 커피는 늘 한결같은 커피입니다. 과일의 은은한 산미와 입안 전체에서 느껴지는 부드러운 촉감이 어느 시간과 장소에서도 공감되는 맛입니다. 트렌드 있는 커피를 외식이라 한다면 카메룬은 집밥과도 같습니다. 그래서 늘 다시 돌아갈 수밖에 없는 커피입니다.

좋은 커피란 무엇일까요?

좋은 장비와 바리스타의 스킬 등도 중요하지만, 좋은 커피란 원재료에서 비롯된다고 생각합니다. 정직한 생산자의 땀을 통해 만들어진 원재료의 향과 맛을, 생산자의 의도대로 로스팅할 때 좋은 커피가 나올 수 있습니다. 거기에 정직한 유통시스템으로 사회적 가치가 더해지면 더할 나위가 없겠지요.

\ 쏘(Sho) 마을 \

2017년 북서협동조합회사는 벨로의 단위조합이 우리 커피를 계속 가공해 주자 결국 매니저를 해고하도록 했다. 새로운 조합을 찾아야 했다. 그해 커피 가공시설이 있고 북서협동조합과 거래하지 않는 지니콤(Njinikom) 마을의 단위조합으로 향했다. 달리던 차가 구불구불한 도로 왼편에 잠시 멈췄다. 이곳 '쏘(Sho)' 마을의 길가 비탈진 언덕 위로 커피 창고와 가공시설을 만들 계획이라고 했다. 그리고 한국으로 돌아온 지 몇 달 지나지 않아 내 후원금을 기반으로 두 번째 가공시설 공사가 시작되었다며 사진을 보내왔다.

2018년 카메룬 여정에는 '카메룬 원정대'라는 이름으로 그동안 후원을 해주었던 '바오밥나무'의 이종신 대표, 수입 초기부터 카메룬 커피를 사용해 주었던 '베토벤 하우스_대구와 슬로우긱'의 남우선 대표, 그리고 여수 '피플'의 강호준 대표와 이소희 씨가 함께 했다.

가슴 벅찬 '마중물'

아직 미완공된 쏘(Sho) 마을 창고에서 커피 수매가 있었는데, 농부들은 자신들이 수확한 커피들을 머리에 이고지고 하나 둘씩 모여들었다. 그들은 노래와 춤 그리고 식사로 자신들의 마을에 시설을 마련해 준 우리들에게 감사의 인사를 했다.

모르는 이들에게는 나무와 양철로 세워진 보잘 것 없는 건물로 보이겠지만 우리의 감회는 달랐다. 무관심과 제값을 주지 않는 농업협동조합 회사들에 실망해 수십 년간 키워왔던 커피나무를 베어버리며 커피 농사를 포기하던 농부들을 설득해 가공시설 부지를 얻어 내고, 부족한 자금으로 여기 오기까지 너무 많은 시간이 걸렸기 때문이다. 매년 카메룬을 찾아 지원한 얼마 되지 않는 후원금이 그 시작의 불씨가 되었고, 이 과정을 함께 지켜 보아주었던 사람들과 함께 그 현장에 있다는 사실에 가슴이 벅찼다.

그러나 귀국한 지 3개월이 지난 어느 일요일 아침, 사진과 짧은 영상 하나가 전해졌다. 어네스트가 쏘 마을 창고에서 군인들을 피해 문을 잠그고 커피 선별작업을 하던 중에 군인들이 들이닥쳤고, 우리 직원인 글로비스(20세)가 군인이 쏜 총에 왼쪽 눈을 맞아 급히 병원 수술실로 옮겨지는 영상이었다. 150㎞ 떨어진 곳에 살고 있던 어머니는 아들의 소식을 들었지만 내전으로 쉽게 갈 수 없어 애만 태웠다.

그리고 얼마 지나지 않아 쏘 마을 창고와 가공시설은 군대에 의해 사용이 중단되었다. 카메룬 '영어권 지역 사태(Anglophone Crisis)'는 모든 것을 빼앗아 갔다. 38년간의 장기집권과 일방적인 프랑스식 헌법 개정, 프랑스식 교육의 강요는 과거 영국 식민지였던 영어권 지역 사람들의 전부를 빼앗아갔다. 하지만 어른들은 남아서 위험을 무릅쓰고 생업을 이어가고 있다. 자신과 가족들의 생계를 이어야 하는 이들에게 커피는 목숨과도 같다. 그렇기에 우리 손에 전해지는 모든 것들에 감사해야 하지 않을까.

"커피는 자연이 주었지만, 그 맛을 만들어 가는 것은 사람이다."

카메룬 커피는 우리들에게 그렇게 온다.

카메룬 쏘(Sho) 커피

산지	카메룬(북서지역)→보요 디비전→쏘 마을
고도	1,550m
품종	블루마운틴, 일부 자바
가공방식	세미워시드
풍미	머루, 피치, 사탕수수, 캐러멜

맛과 향을 넘어선 또 다른 가치

A3bout Coffee
(한국생두거래소)
김사원 대표

A3bout(에이쓰리바우트)는 아시아, 아메리카, 아프리카 등 3개 대륙의 커피를 소개하고 판매하는 곳이다. 국내에 수입되는 커피의 유통을 지원하는 플랫폼으로 '한국생두거래소'를 만들어 운영하는 등 커피 마케팅에 있어 다양하고 새로운 시도를 하고 있다.

A3bout Coffee에게 카메룬 커피는 어떤 의미인가요?

여러 사람의 손을 거쳐 커피가 생산이 되는데, 최종적으로 저희의 손을 거쳐 소비자들에게 제공하는 일을 늘 기쁘고 보람되게 생각합니다. 이 과정 하나하나를 풀어서 설명해 주는 카메룬 커피는 실질적인 공정무역 커피라 생각합니다.

카메룬 블루마운틴 커피 맛의 특징은 무엇이라 생각하시나요?

카메룬 하면 축구와 내전이 떠오르기 마련일 테지만 한국에서 커피를 하는 사람들에게는 샤인위드컴페니언 안광중 커피캐스팅 디렉터를 떠올리게 합니다. 카메룬 커피는 그의 성격처럼 달콤하고 부드럽습니다.

좋은 커피란 무엇일까요?

좋은 커피를 말할 때 코와 혀에서 느껴지는 감각에만 따르곤 합니다. 그러나 인간의 판단은 감각에만 의존하지 않습니다. 공정무역 커피, 스페셜티커피를 좋은 커피로 평가하는 배경엔 맛과 향의 감각을 넘어선 또 다른 판단 요소들이 존재하기 때문입니다.

\ 품반(Foumban) 시와 폼봇(Foumbot) 마을 \

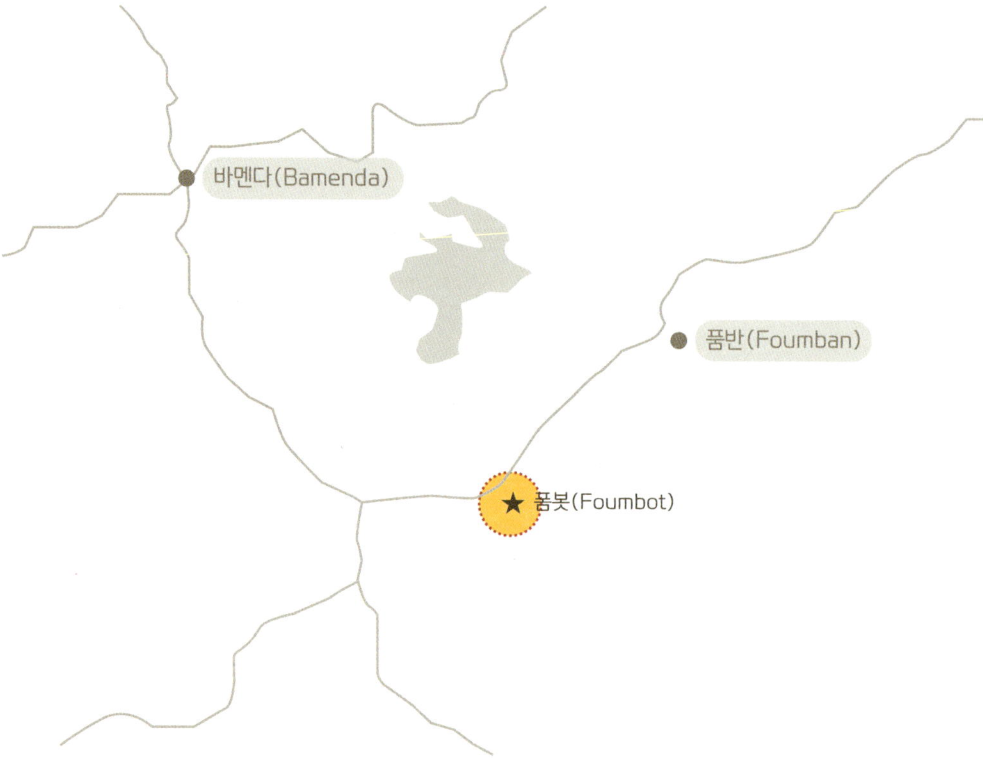

품반(Foumban)의 시장과 부인이 우리를 직접 안내한 곳은 평원을 가로질러 난 길을 달리다 마주하게 되는 숲이었다. 이 숲 속으로 펼쳐진 100에이커 규모의 커피농장은 말 그대로 계획 조성된 포레스트 농장이었다. 일정한 간격과 높이로 커피나무가 즐비했고, 나무 사이로 야자수와 망고, 콜라팜 등이 그늘을 만들어주었다. 밑둥으로 봐서 족히 100년은 되어 보이는 커피나무가 상당히 많이 남아 있어 1900년대 초 카메룬에 커피가 본격적으로 계획 재배되기 시작했던 당시의 모습을 유지하고 있었다.

농장 가장자리에는 커피 건조장과 펄핑과 밀링 시설들을 모두 갖춘 건물이 계단식으로 지어졌다. 안으로 들어가 기계들을 보니 100년이 다 된 것도 있어 과연 지금도 가동될까 싶었다. 시장 부인은 불과 한 달 전에 커피 가공을 모두 마쳐 가동하는 모습을 보여 줄 수 없음을 안타까워하며 건물 아래쪽 발전 시설까지 안내해 주었다. 건조장 옆으로 육종장도 있었는데, 안내원이 바닥에 덮인 야자수 잎을 들춰 전통방식으로 커피 씨앗이 발아되고 있는 것을 보여주었다.

커피 체리 워싱을 위해 인공으로 만들어 놓은 호수를 보러 갔는데 농장을 관리하며 살고 있는 가족들이 그 물로 빨래를 하다가 시장 부인에게 혼이 났다. 야단을 맞는 그들이 안쓰럽기도 했지만, 호수 아래쪽에서 커피 체리를 씻기 위한 물인데 이것을 오염시켜 흘려보내서는 안 된다는 부인의 말도 틀리지 않았다.

커피를 제대로 알기 위해서는…

산지를 가면 삶의 현장을 마주하게 된다. 내 형편이 조금 더 낫다고 해서 상대를 교육시키거나 깨우쳐줘야 한다는 생각은 버려야 한다는 것을 깨닫곤 한다. 같이 지내다 보면 그곳 생활에 맞는 지혜가 있기 마련이고, 그것을 배워야만 함께 살 수 있다. 그곳의 산물인 커피를 제대로 이해하고 알고자 한다면 그들의 것을 먼저 배우고 익혀야 한다. 커피를 잘 볶고, 잘 내리려면 산지의 모든 것을 알아야 한다. 재료를 모르는 훌륭한 요리사는 없지 않은가.

바멘다에서 품반(Foumban) 시로 가는 길에 시원하게 쏟아져내리는 멋진 폭포를 만나게 되는데, 여기서 얼마 되지 않은 곳에 폼봇(Foumbot)이 있다. 이곳은 1900년대 초 카메룬에 처음 커피가 시험 재배되기 시작한 곳으로 현재 'IRAD(Institute of Agricultural Research for Development)' 폼봇 농업연구소가 있다. 이곳은 카메룬 커피의 유전자 은행으로 다양한 야생종 커피를 찾고, 병충해와 생산성이 좋은 새로운 품종을 찾는 연구를 하고 있다.

폼봇(Foumbot) 커피

산지	카메룬(서부지역)→품반 시→폼봇 마을
고도	1,300m
품종	블루마운틴, 자바
가공방식	내추럴, 워시드
풍미	시나몬, 마카다미아, 바닐라

은은한 향, 최고의 밸런스

작은농부커피
박유진 대표

작은농부커피를 방문한 마티 폰차 씨와 함께

작은농부커피는 한국뿐 아니라 세계에서 유일하게 카메룬 커피만 로스팅하고 판매하는 카페이다. 국내 유일 카메룬 공정무역 커피 수입회사인 샤인위드컴페니언이 직영으로 운영한다. 카메룬 '힐탑 농부직거래'의 산지 마을 커피를 모두 맛볼 수 있다. "함께 하는 이들과 같이 빛나고 싶다"는 샤인위드컴페니언의 철학을 담아 작은 마을 텃밭에서 재배한 커피의 소중함을 알리기 위해 카페 이름을 '작은농부커피'로 지었다.

작은농부커피에게 카메룬 커피는 어떤 의미인가요?

카메룬뿐 아니라 잘 알려지지 않은 제3세계 농부들의 커피가 소비자들에게 알려지고 사랑받을 수 있는 길을 여는 모델입니다. 모쪼록 또 다른 커피캐스팅 디렉터가 등장해 세계 각국 작은 농부들의 커피가 소개되었으면 합니다.

카메룬 블루마운틴 커피 맛의 특징은 무엇이라 생각하시나요?

서 아프리카 최고봉인 해발 4,050m 카메룬산의 비옥한 화산토와 황토에서 나오는 달고 부드러움은 다른 나라의 블루마운틴 보다 빼어납니다. 은은한 향과 밸런스는 최고라 할 수 있습니다.

좋은 커피란 무엇일까요?

단지 코와 입으로만이 아니라 마음속 깊숙이 느껴지고 기억되는 것이라 생각합니다. 아무리 맛이 뛰어나다고 해도 그 과정이 올바르지 않다면 좋은 커피라고 할 수 없겠지요. 커피는 자연이 주었지만, 그 맛을 만들어가는 것은 사람입니다.

\ 알롱시(Alongsi) 농장 \

2014년 마티 폰차 씨를 카메룬에서 드라마틱하게 만난 다음날 그를 따라 나섰다. 차가 몇 번을 뒤로 미끄러져 아찔한 순간을 맞았지만, 차는 기어이 산에 올랐다. 산마루의 좁고 막다른 길에 도달하자 집 한 채가 나왔다. 마당에서는 커피 체리를 건조하기 위한 나무 베드가 몇 개 있었다.

그의 안내에 따라 집 주위를 둘러싸고 있는 숲으로 들어갔다. 숲에 들어가서 보니 모두가 커피나무들이었다. 3m 이상의 나무들에 붉은 커피 체리들이 몇 알씩 남아 있었다. 그는 티피카 품종만 별도로 골라서 심어

놓았다고 했다. 그리고 옐로우 티피카 나무가 있다는 곳으로 갔는데, 커피나무와 바나나 나무와 망고스틴이 숲을 이루며 자연스럽게 그늘을 만들어주고 있었다. 마티 폰차 씨가 유일하게 직접 관리하는 알롱시 농장은 과거 카메룬에 처음 전해진 티피카를 보존하기 위해 만들어진 곳으로 생산량은 1.5톤에 불과하다.

이듬해 찾아갔을 때 농장은 새로 옮겨 심어진 묘목들로 넓어져 있었다. 어린 묘목 앞에 그동안 한국에서 카메룬 커피를 구입해 준 카페들의 이름을 쓴 푯말을 세우고 일일이 사진을 찍었다. 정오를 넘어선 해는 현기증이 날 정도로 뜨거웠고, 어지러움과 구토로 나무 그늘에 널부러져 몇 번을 그만 둘까 생각했다. 그래도 낯설고 값싸지 않은 카메룬 커피를 사준 이들에게 어떻게든 고마움을 전하고 싶어 준비해 온 것이라 포기할 수 없었다.

1시간이 지나도 돌아오지 않자 엘리자베스가 나를 찾으러 왔고, 겨우 정신을 차리고 숙소로 돌아왔다. 그날 저녁 정신을 차리고 보니 어디에서 벗었는지 모자가 보이지 않았고, 마티 씨에게 연락해 찾을 수 있었다. 며칠 후 모자를 찾으러 갔다가 언덕 위에 마치 누가 큰 바위로 돌탑을 쌓아 놓은 듯한 바위의 이름이 알롱시(Alongsi)라는 걸 알았다.

2014년부터 매년 카메룬을 방문할 때마다 마티 폰차 씨에 대한 새로운 사실을 알게 되었다. 그의 어머니 안나(Anna Foncha, 95세) 씨는 유쾌하고 위트가 넘쳤으며 자애로웠다. 그의 집에 머무르는 동안 늘 손님들이 끊이지 않았는데, 그녀는 반갑게 그들을 맞아 주고 음식을 내놓았다. 가족의 역사에 대해 알게 된 것도 2016년 품반 시를 혼자 여행하고 돌아오는 길에 바멘다(Bamenda; 카메룬 북서지역에서 가장 큰 도시로 과거 영국 식민지 시절 수도였던 곳) 시내에서 택시를 타고 마티 씨의 집으로 가던 중의 일이다. 주소를 몰라 난감해 하고 있었는데, 택시 기사가 폰차 스트리트(Foncha Street)에 있는 폰차 씨 집에 가려고 하느냐고 물었다. 다음날 아침 식사 중 그에게 폰차 스트리트와의 관계에 대해 조심스럽게 물었다.

그제서야 자신의 아버지가 존 응구 폰차(John Ngu Foncha, 1916~1999; 카메룬 총리, 부통령을 지낸 '카메룬 통일의 건축가'라 불림)라고 했다. 그리고 아버지의 공적을 기려 집 앞 도로가 폰차 스트리트가 되었다고 했다. 내가 카메룬 역사를 공부하기 시작한 것은 그때부터였다.

어머니와 아들은 늘 자신들을 내세우지 않았기에 수년을 다니면서도 알지 못했다. 2018년 카메룬원정대와 함께 커피학과 개설 준비를 위해 바멘다 과학기술대학(BUST) 총장을 방문했을 때도 아버지가 대학 설립자라는 것을 먼저 말하지 않았다. 총장실에 존 응구 폰차의 사진이 걸려 있는 걸 보고 그 사실을 알게 되었다.

"커피 꽃으로 활짝 피어나길"

마티 폰차(Matti Foncha) 씨는 영국 옥스퍼드 대학 엔지니어 관련 학과를 나와 유명 석유회사에서 근무했다. 그러다 어느 날 문득 어머니 곁으로 돌아왔다고 했다. "부모님께서는 우리가 누리고 있는 모든 것이 카메룬의 농부들에게서 온 것이라고 늘 말씀하셨습니다. 받은 것을 돌려주는 삶을 살고 싶어졌습니다."

어떤 해에는 바멘다에서 두알라 공항까지 300km를 운전해 나를 배웅해주었다. 7시간이 넘는 운전 중 그는 "젊은 시절 외국에서 학교를 다니다 방학이 되어 고향으로 돌아올 때 이 길가에 흐드러지게 하얗게 피어, 고된 타지 생활에 지친 자기를 반겨주었던 커피 꽃들이 모두 사라지고 길가에는 먼지만 날리고 있다"며 "이 길에 커피 꽃들이 다시 활짝 필 수 있도록 하고 싶다"고 말했다. 그가 부족함이 없는 삶을 물리고 오늘도 위험하고 고된 길을 가고 있는 이유였다.

그는 알롱시 농장 말고는 자신의 농장을 더 이상 소유하려 하지 않는다. 농사는 농부들의 몫이고 땅은 그 농부들의 것이어야 한다는 소신 때문이다. 그동안 한국에서 카메룬에 커피농장이 있는지, 농장을 살 생각은 없는지 꽤 많은 질문과 제안을 받았다. 하지만 외국인이 내 땅이라고 말뚝을 박고, 내 소유의 간판을 거는 것은 안 될 일이었다. 땅은 그 땅에서 살아왔고, 앞으로도 그곳에서 살아갈 사람들의 것이어야 한다.

근대화라는 명목으로 제국주의의 총칼이 원주민 삶의 뿌리를 흔들어 놓았고, 부와 편익이라는 명목이 농부들을 소작농과 농장의 노동자로 전락시켰다. 이제는 자본의 식민지가 된 것이다. 더 많은 임금과 복지도 농부들을 그 땅의 주인으로 살게 하지는 못한다. 그리고 그렇게 들어온 이들은 필요에 따라 언젠가는 그 땅을 버리고 떠난다.

그들을 진정으로 아끼고 돕고자 한다면, 그 땅과 그들을 소유하고 관리하려는 것이 아닌, 그들 스스로 문제를 해결해 가도록 그들이 필요로 하고 원할 때 지원해 주는 것이라 생각했다.

마을 언덕 위에 살며 부모님이 소망하고 이루고자 했던 '힐탑 농부직거래(HillTop Farmers Direct), 카메룬 보요지역 커피, 작은 농부들이 주인인 커피'를 알롱시 바위처럼 흔들림 없이 지켜갈 것이다.

알롱시 농장(Alongsi Farm) 커피

산지	카메룬(북서지역)→메잠 디비전→은퀜 서브 디비전→알롱시 농장
고도	1,500m
품종	티피카
가공방식	내추럴
풍미	산딸기, 살구, 블루베리, 박하, 초콜릿

마음 깊숙이 편안한 커피

1318 커피 **황진** 관장

강화에 위치한 1318 커피는 조각가이자 사진작가인 황진 대표가 수집한 '해태' 조각상을 감상할 수 있는 국내 유일 해태 박물관, 갤러리카페이다. 황 대표는 25년 전부터 커피의 세계에 입문해 이곳을 찾는 손님들과 작품뿐 아니라 커피에 대한 이야기도 주고받는다.

카페1318에게 카메룬 커피는 어떤 의미인가요?

카메룬 커피 수입 초기부터 그 매력에 흠뻑 빠진 커피입니다. 블루마운틴 품종의 맛이 잘 스며들어 있고, 안광중 커피캐스팅 디렉터의 성품과 성실함이 그대로 느껴집니다. 25년 전 커피가 좋아 커피를 배우기 시작했던 그 열정을 카메룬 블루마운틴으로 이어가고 있습니다. 슬레이어 머신과 명품 조합을 이루며 손님들에게 사랑받고 있습니다.

카메룬 블루마운틴 커피 맛의 특징은 무엇이라 생각하시나요?

커피 본연의 맛이 무엇인가를 생각하게 하고 커피가 맛 이상의 가치를 가질 수 있다는 것을 일깨워줍니다. 달고 부드러운 목 넘김과 그윽하고 온화한 향은 누구에게나 만족을 안겨줄 것입니다.

좋은 커피란 무엇일까요?

한 잔의 커피로도 우리의 영혼을 맑게 해 주는 커피가 있다면 그 커피야 말로 좋은 커피라 생각합니다. 커피 본연의 순수함을 지닌 카메룬 커피는 늘 마음 깊숙이 편안함을 줍니다.

\ 그 외 지역 \

1) 쿰보(Kumbo) 마을

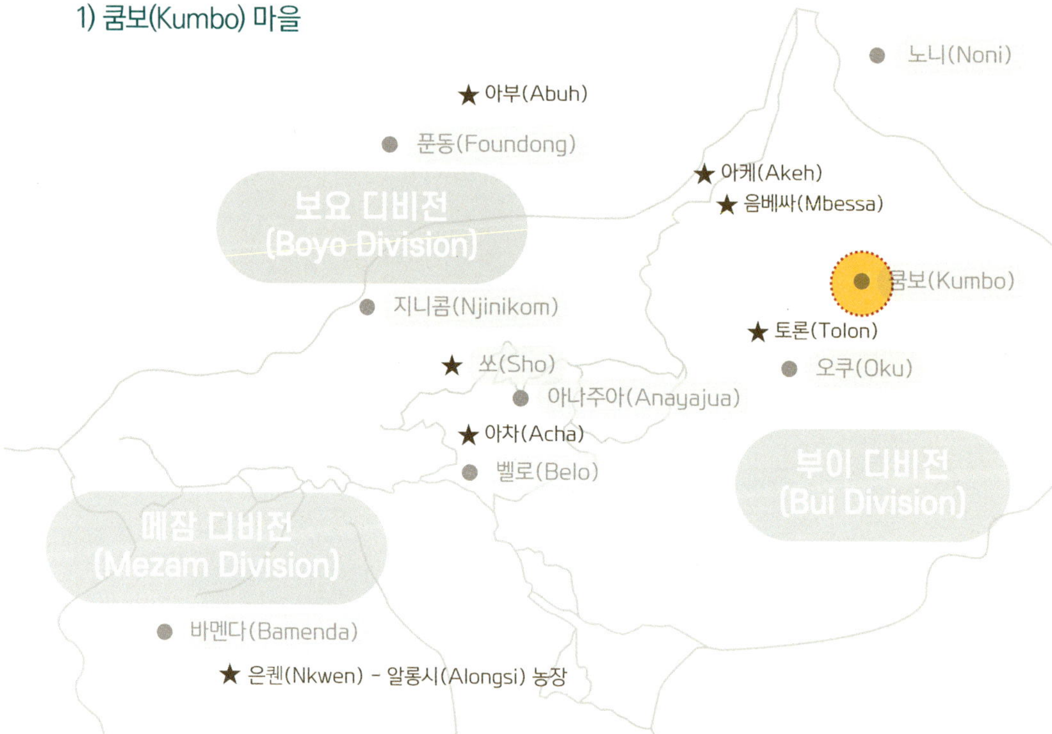

쿰보(Kumbo)는 카메룬 북서지역의 북동쪽에 있는 부이 디비젼 중에서도 끝자락에 위치해 있다. 아다마와 고원의 고지대에 위치해 마을의 평균 고도가 1,800m가 넘는다. 마티 씨와 이곳을 가게 된 것은 2016년 북서협동조합의 압력으로 오쿠-엘락에 있는 단위조합이 힐탑 농부직거래의 커피 가공을 거부해서 가공시설이 있는 지역을 찾기 위해서였다. 새벽길을 떠나는 우리들에게 마티 씨의 어머니는 그곳은 추우니 두꺼운 옷을 잘 챙겨가라고 몇 번을 당부했다. 차로 5시간을 달려 해가 중천에 떴을 때 쿰보에 도착했다.

마을에 들어서니 큰 광장에 시장이 있었고, 그 옆에 가공시설 공장이 있었다. 마중 나온 사람은 시설과 자신의 농장으로 우리를 안내했다. 수확이 끝난 커피는 이미 창고에 보관되어 있었다.

그의 커피농장은 마을 건너편 비탈진 경사면 1헥타르 규모로, 자바 품종의 4년생 커피나무 약 1천 그루가 심어져 있었다. 미처 수확되지 않고 남아있는 몇 알의 커피 체리 알맹이는 크고 탐스러웠다. 보관되어 있는 커피의 샘플을 채취해 수분율과 품질 상태를 살펴보고 품질 관리에 대해 간단한 교육을 해주었다. 커피 가공 의뢰 건은 다행히 지금 커피 농사를 주력으로 하지 않아 별 문제 없이 이야기가 잘 되었다.

해가 짧아 금세 어둠이 깃들자 마을은 암막 커튼을 친 듯 시야에서 사라졌고, 순식간에 차가운 기운이 몸을 덮쳐왔다. 전기가 들어오지 않아 마을은 어둠 속으로 사라져 표지판을 찾을 수 없어 한참을 헤매다 겨우 마을 호텔에 들어갔다. 방은 냉기로 가득 차 있었고, 더운 물도 나오지 않았지만 하루 종일 먼지를 덮어 쓴 머리만 겨우 감고 침대에 누웠다. 털 담요는 먼지와 숯 냄새가 가득 배어 있었다.

새벽 교회 종소리에 추위에 웅크렸던 몸을 겨우 펴고 나왔다. 오후 3시면 모든 일과가 끝나는 탓인지 근처 학교도 이른 아침부터 학생들 맞을 준비로 분주했다. 햇살이 골목길에 온기를 드리우자 길은 등교하는 학생들의 재잘거림으로 가득 채워졌다.

산책을 하고 돌아오니 장작불로 데운 물 한 동이가 문 앞에 반갑게 놓여 있었다. 가져간 커피를 갈아 간단하게 아침 식사를 마치고 다음 행선지로 길을 나섰다. 탐스럽고 붉게 익은 커피 체리가 아침 햇살에 보석처럼 반짝였다.

쿰보(Kumbo) 커피

산지	카메룬(북서지역)→부이 디비전→쿰보 마을
고도	1,800m
품종	자바
가공방식	세미워시드
풍미	자몽, 홍차, 레드와인

2) 지니콤(Njinikom) 마을

힐탑 농부직거래의 커피 가공을 도와줄 곳으로 북서협동조합과 거래하지 않는 지니콤 마을의 단위조합장을 찾아갔다. 지니콤은 보요 디비전 중 제법 큰 마을 중 하나였다. 벨로와는 40~50km 떨어져 있긴 하지만 도로 사정이 그리 나쁘지 않은 곳이었다. 조합장은 조합의 가공시설 이곳저곳을 상세히 소개해 주며 흔쾌히 우리의 부탁을 들어주었다.

2016년부터 지니콤의 마을 사람들을 만나 설명회를 갖고 직거래를 시작했다. 필드 매니저 어네스트 씨의 아버지인 보베 씨가 동행해 수매에 참여한 지역 농부들에게 힐탑의 활동과 농부들의 가치에 대해 연설을 하며 힘을 실어 주었다. 농부들은 각자 집에서 수확해 온 커피를 들고 와서 품질 검사를 받고 현장에서 대가를 받았다. 모두 다 만족스럽지는 않았겠지만 현장으로 직접 찾아와 수매함으로써 운반비용을 줄여 주는 것과 품질 관리를 잘 하면 값을 더 받을 수 있다는 것에 만족스러워했다.

마을에서는 가축의 분뇨를 이용한 퇴비를 사용했고, 자바 품종의 2세대인 '자바II' 모종을 키우고 있었다. 도로와 교통 사정이 그나마 나은 지니콤 마을 사람들은 그동안 수매조합이 정한 값을 받아 오다 자신들의 땀과 노력이 대가에 반영 된다는 것에 대해 좋아하며 커피 재배에 적극 참여하기 시작했다.

지니콤(Njinikom) 커피

산지	카메룬(북서지역)→보요 디비전→지니콤 마을
고도	1,500m
품종	블루마운틴, 자바
가공방식	세미워시드
풍미	체리, 오렌지, 다크 초콜릿

3) 아나주아(Anayajua) 마을

몇 명 되지 않은 늙은 농부들이 모였다. 벽에는 손으로 비벼 커피 체리를 벗겨내는 기구가 걸려있었다. 집 주변에는 50~60년이 넘은 커피나무들이 빼곡히 심어져 있었고, 그 사이를 낯선 손님에 놀란 수탉들이 달아났다.

농부들이 가져온 커피 체리의 상태를 보고 그들에게 세상 밖의 커피 이야기를 들려주었다. 평생 농사를 지어온 늙은 농부의 깊게 패인 주름진 얼굴에서는 그 마음을 읽을 수 없었다. 마을 청년 두 사람이 100kg쯤 되어 보이는 커피 자루를 함께 거뜬히 들고 와 창고를 채웠다. 마을을 떠나며 늙은 농부들의 지혜와 끈기가 이어져 젊은이들이 맞잡았던 손을 놓지 않도록 부탁드렸다.

아나주아(Anayajua) 마을

산지	카메룬(북서지역)→보요 디비전→아나주아 마을
고도	1,500m
품종	블루마운틴, 일부 자바
가공방식	세미워시드
풍미	살구, 멜론, 캐러멜

좋은 뜻과 품질, 모두를 충족하는 커피

㈜카페예(1킬로커피)
이상호 대표

아프리카 커피 산지를 매년 방문하는 이상호 대표

'1킬로커피'는 ㈜카페예의 브랜드명이다. 카페예(Cafeier)는 프랑스어로 '커피나무'를 뜻한다. 2010년 IT 회사로 시작해 2011년 원두커피 제조업을 시작했다. 2012년 '1킬로커피' 브랜드로 B2C 원두커피 직거래 쇼핑몰을 개설해 현재에 이른다. 사업 초기 카페를 주고객층으로 성장했는데, 하루 1kg 이상 원두커피를 판매해 번창하길 기원하면서 이를 위한 동반자가 되겠다는 의미로 브랜드명을 '1킬로커피'로 지었다고 한다. 지금은 'no1. Keep the Grade', 항상 최고의 품질을 유지하겠다는 뜻으로 확장되었다. 2021년 11월, 익산 국가식품클러스트에 신공장을 준공했다.

카페예(1킬로커피)에게 카메룬 커피는 어떤 의미인가요?

공부를 많이 한 편은 아니지만, 사회복지학과를 다녔습니다. 커피사업을 하다 보니 자연스럽게 공정무역을 접했는데, 알게 모르게 학창 시절 관심을 가졌던 분야를 사업과 접목시켜보고 싶었습니다. 쇼핑몰 내에 별도 공정무역 카테고리를 만들고, 국내 NGO에서 저개발국가 생산자들의 자립 기반을 위해 수입한 공정무역 커피를 제조, 판매했습니다. 그러던 중 샤인위드컴페니언의 안광중 이사님께서 국내에서 아주 생소한 카메룬 커피를 직접 산지 농부들과 직거래한다는 소식을 들었습니다. 산지마을의 자체 가공시설 건설, 마을 청년들의 일자리 마련, 품질 개선을 위한 교육 지원도 함께 한다는 뜻에 동참하고자 카메룬 커피와 인연을 맺었습니다.

카메룬 커피는 저개발 국가들을 지원해준다는 좋은 의미와 품질을 모두 충족하는 커피입니다.

카메룬 블루마운틴 커피 맛의 특징은 무엇이라 생각하시나요?

높은 해발 고도(1,600~1,700m 내외), 블루마운틴 품종, 내추럴 가공이 선사하는 풍성하고 다양한 맛이 특징인 듯합니다. 지역별로 라이트, 시티 정도의 배전에서 헤이즐넛, 아카시아, 메론의 풍미가 아주 좋습니다. 추출(특히 수율 조정)에 더 신경을 써준다면 잡미 없이 깔끔하고 다양한 향과 맛을 즐길 수 있는 커피입니다.

좋은 커피란 무엇일까요?

사람마다 좋은 커피에 대한 관점이 다양합니다. 커피는 기본적으로 인간의 감각을 만족시켜주는 기호식품이기에 감각 반응도에 따라 똑같은 커피가 어느 사람에게는 잘 맞는다고 느껴지고, 어느 사람에게는 잘 맞지 않는다는 느낌을 받기도 하니까요.

좋은 커피는 자신에게 맞는 커피가 아닐까 합니다. 고객들이 좋은 커피를 찾아 나갈 수 있도록 다양한 커피를 소개해 드리는 게 커피업의 본질이라 생각합니다.

2021년 11월 준공한 (주)카페예 신축공장

아프리카 커피기행

1974년 에티오피아에서 발견된
최초의 인류 화석, '루시' 조형물

에티오피아

거의 모든 것의 시작

1974년 어느 저녁은 그들에게 몹시 흥분된 날이었다. 그날 한낮의 발견은 비틀스의 노래, 〈Lucy in the sky with diamond〉를 타고 이곳 아프리카 에티오피아의 밤하늘에 빛났다. 인류 최초의 조상이라 불리는, 320만 년 전에 살았던 '루시'가 우리들에게 모습을 드러낸 날이었다. 그때의 흥분을 기억해 최초 인류의 이름은 '루시'가 되었다. 루시의 발견은 인간의 직립보행을 가능하게 한 요인이 두뇌 발달이 아니라, 도구 제작 능력이라는 주장에 힘을 실어주었고, 우리는 이렇게 도구를 이용해 무언가를 만들어 먹기 시작했다.

카메룬 치자나무→에티오피아 아라비카

도구를 이용해 가장 오래도록 우리에게 사랑 받고 있는 기호식품 중 하나가 커피다. 에티오피아 북서부 카파(Kaffa) 지역의 '칼디'라는 목동이 나무 열매를 먹고 생기 넘치는 염소를 보고 그것을 맛보며 전해지기 시작했다는 전설이 커피의 기원으로 알려져 있다. 물론 이외에도 '세이크 오마르' '마호메트의 전설' 등이 커피의 기원설로 회자되고 있지만 DNA 분석을 통해 기니와 카메룬 지역에서 시작된 치자나무에서 분기된 카네포라(로부스타) 종과 유게니오이데스 종의 자연교배로 에티오피아 고원 지역에서 아라비카 종이 태어났다는 주장이 '에티오피아 칼디 전설'을 뒷받침해 주고 있다.

그렇지만 무엇보다 커피의 기원지를 뒷받침 해주는 것은 바로 에티오

에티오피아에서 자주 볼 수 있는 분나(커피) 점포

피아에 이어져오고 있는 생활 속 커피 문화라 할 것이다. 이곳은 귀한 손님이 왔을 때 내놓는 것이 바로 '분나(커피)'이다. 커피 산지의 국가들을 보면 재래시장에서 커피를 우리 쌀이나 곡식을 팔듯이 커피를 되로 파는 곳은 거의 없지만 에티오피아의 재래시장에서는 '분나 마프라트(커피 세레모니)'을 위한 '제베나(토기 주전자)', '시니(커피 잔)', 행운을 불러온다며 바닥에 까는 '케테마(녹색풀)'를 파는 난전을 만나게 된다. 이처럼 에티오피아에서는 볶아 절구로 빻아서 제베나에 넣어 끓여 우려낸 진한 커피를 전통의상 '네텔라'를 입은 여인이 손님들에게 세 잔 내놓는다. 첫 잔은 '우정', 둘째 잔은 '평화', 세 번째 잔은 모두의 '축복'을 기원하면서 말이다. 평소에도 이들은 하루에 세 번씩 이렇게 커피를 즐긴다고 한다.

프랑스의 시인 랭보도 에피오피아와 커피를 사랑했다. 금기된 사랑에 상처받고 절필을 하며, 에티오피아 하라르(Harra) 지방에서 커피로 위안을 받았고, 커피무역업을 하기도 했다.

'아프리카 색깔(녹색, 노란색, 빨간색)'의 기원

에티오피아 국민의 약 30%가 커피와 관련된 일에 종사할 정도라고 하며 정부는 철저하게 커피를 국가 산업으로 관리해 나가고 있다. 그래서 그 어느 나라보다 품질과 유통에 대한 시스템이 잘 갖춰져 있다. 커피의 등급도 G1~G4만 해외로 수출할 수 있게 함으로써 저품질의 커피가 해외로 판매되어 자국 커피에 대한 평가가 나빠지는 것을 방지하고 있다.

에티오피아에 갔을 때 인상 깊었던 것은 시내는 잘 포장되지 않은 도로

구두닦이 노점

커피 가공시설에서 핸드픽을 하는 여성 일꾼들

를 달리는 자동차들로 항상 먼지가 뿌옇게 일었다. 길가에는 작은 물통과 간이 의자를 둔 구두닦이 노점, 박스에 구두 닦는 도구를 들고 다니며 어디에서든 신발 먼지를 털고 구두를 닦는 사람들을 자주 목격할 수 있었다. 돌아서면 금세 먼지가 덮이는 구두를 왜 저리도 열심히 닦는지 의아해 했는데, 자신의 신분과 능력을 과시하기 위한 행동이었던 것 같다.

에티오피아 사람들은 늘 당당했다. 식민 지배를 받지 않은 유일한 아프리카 국가이며, 한국전쟁에 파병을 했던 나라이기도 하다. 1960년대에 독립한 아프리카 국가들은 에티오피아의 국기를 표본 삼아 국기를 만들었고, 이것이 '아프리카 색깔(녹색, 노란색, 빨간색)'이 되었다. 그리고 시내의 카페는 스타벅스가 아닌 자국의 '칼디(Kaldi)'와 '토모카(Tomoca)'가 굳건히 자리하고 있다. 마을 골목 어디에나 있는 작은 커피 가게들에서는 프라이팬으로 볶는 커피 연기와 함께 커피를 마실 수 있었다.

'커피의 고향' 카파에서 만난 '칼디의 염소'

전 세계 95%의 커피농장이 소규모(5헥타르 미만)이며 이중 50% 이상이 2헥타르 미만의 소규모 작은 농부들에 의해 재배되고 있다.[4] 절반 이상이 여성 노동력으로 생산된다. 커피가 전 세계인의 기호 식품이 되었음에도 그들의 삶은 지금도 나아지지 않았고 오히려 더 팍팍해지고 있다.

아라비카 커피 산지는 어느 나라든지 지형이 험한 곳에 위치해 있다. 이미 시내와 인접하고 교통이 편리한 곳은 투자와 개발이라는 자본의 유혹 때문에 커피 재배를 멀리했다. 커피 산지를 가기 위해 새벽 일찍 수도

---

4) Folmar Britta, 《THE CRAFT AND SCIENCE OF COFFEE》, p.160~161, ELSEVIER INC(2017).

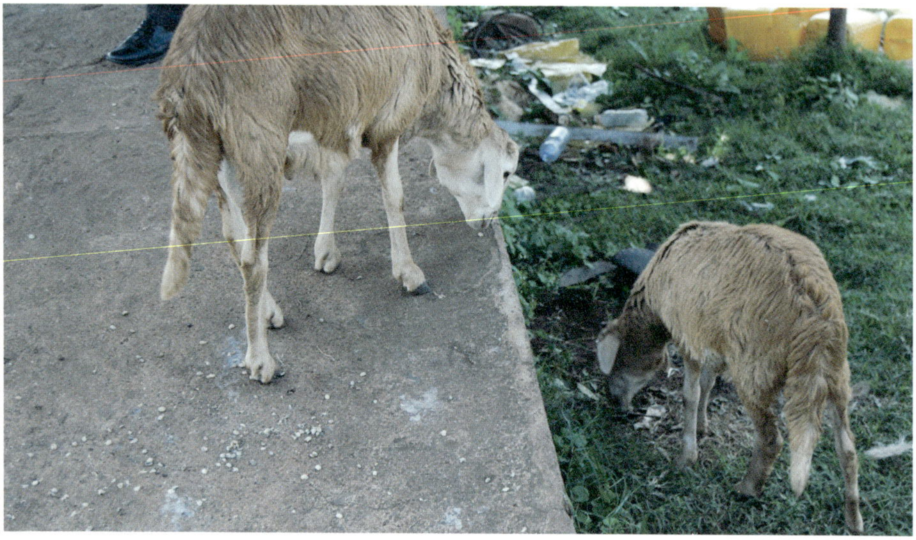

커피 산지로 가는 길에서 만난 염소

아디스아바바를 벗어났다. 쉼 없이 달리던 자동차는 거친 길에 타이어가 찢어지며 한낮이 다되어 '커피의 고향' 카파 지역에 도착했다. 그곳에서 커피 가공시설과 바닥에 떨어진 커피 알맹이를 주워 먹는 '칼디의 염소'도 볼 수 있었다.

에티오피아의 지형적 특이점은 수도인 아디스아바바의 해발고도가 2,500m가 넘는다는 것이다. 그래서인지 조금 격한 운동을 하면 약간의 두통이 생기기도 했다. 그런데 커피 산지는 오히려 더 낮은 1,800~2,000m에 위치했다.

산지를 둘러보고 돌아와 커피 가공시설을 방문했을 때였다. 문 앞에서 서성거리고 있던 사람들이 눈에 띄었다. 하루 8시간씩 3교대로 컨베이어 벨트에 마주보고 앉아 결점두를 골라내는 일을 하고 1달러 정도를 받는 일자리를 찾는 사람들이었다. 힘들게 지은 농사, 수많은 수고의 결과물

한 커피농장에서 커피를 가공하는 모습

이 커피인데, 맛을 보고 평가해 점수와 값을 매긴다는 것이 미안했다. 조금이라도 더 좋은 커피를 어떻게든 싸게 구입하기 위해 흥정을 했던, 그 날의 묘한 감정을 잊을 수가 없다

커피가 그려진 에티오피아 지폐

에티오피아를 대표하는 카페 '칼디'

에티오피아 커피산업

에티오피아는 수도인 아디스아바바, 하라 쪽의 특별시인 디레다, 9개 주(Region)의 행정구역으로 구성돼 있다. Region(주), Zone(지구), Woreda(군), kebelo(동)으로 세분화된다. 에티오피아는 2008년부터 ECX(Ethiopia Commodity Excange; 에티오피아 선물거래소)를 통해 수출 면허가 있는 업체만 주요 농산물을 거래할 수 있도록 하고 있다.

커피는 각 지역에 있는 ECX와 CQIC(Coffee Quality Inspection Center)를 통해 1, 2차 품질(40% 비중)과 커핑 테스트(60% 비중)를 통해 수출 등급이 결정된다.

재배방식	대규모 농장 재배(10% 내외), 대부분 소규모 재배
품종	헤이룸(Heirloom; 지역 재래종, 게이샤 포함) * 품종 이력 추적에 어려움이 있는데 짐마농업연구소(Jimma Agricultural Research Center, JARC)에서 보급하는 현대 개량종과 아프리카를 가로지르는 그레이트 라이프 밸리(Great Lift Valley), 하레나 포레스트(Harenna Forest), 바다 마파다 포레스트(Bada Mafada Forest) 등에 자생하는 야생종이 농장에서 같이 재배되며 자연 변종이 많기 때문
가공방식	내추럴, 워시드(1972년 도입)
등급	G1 : 결점두 300g당 3개 이하, 커핑점수 85점 이상(Specialty1, Specialty2) G2 : 결점두 300g당 12개 이하, 커핑점수 75점 이상(Specialty1, Specialty2) G3 : 결점두 300g 25개 이하, 커핑점수 63점 이상(Commercial) G4 : 결점두 300g 45개 이하, 커핑점수 47점 이상(Commercial) G5 : 결점두 300g 100개 이하, 커핑점수 31점 이상(이하 등급 내수용) G6 ~ G8

케냐

<아웃 오브 아프리카>가 들려주는 케냐 커피 100년

"나는 아프리카 은공 언덕 기슭에 농장을 갖고 있었다. 그 고원 지대를 가로질러 적도가 지났고, 적도에서 160㎞ 남쪽의 내 농장은 해발 1,800m가 넘는 고지대에 위치해 있었다. 그곳에서 낮이면 마치 태양 가까이까지 높이 올라간 듯한 기분이 들었지만 이른 아침과 저녁은 청명하고 평온했으며 밤에는 추웠다.(중략)

은공 산은 해발 2400m 높이로 동쪽으로 주변 지역보다 600m가 높고 서쪽으로 경사가 더 심해져 절벽의 형상을 하고 있다. 그레이트 리프트 밸리를 향해 수직경사를 이루고 있는 것이다. 고원 지대의 바람은 계속해서 북북동에서 불어온다. 아래쪽의 아프리카 연안과 아랍 연안에서 '몬순', 솔로몬 왕의 애마 '동풍'이라고 불리는 그 바람이다. 고원지대에서 이 바람은 대지가 공중으로 몸을 던지면서 일으키는 공기의 저항 정도로만 느껴진다.(중략)

우리 농장은 커피가 자라기에 지대가 좀 높기도 했고 커피 농사 자체가 힘든 것이어서 풍작을 거둔 적이 없었다. 하지만 커피 플랜테이션이란 것은 일단 발목이 잡혔다 하면 빠져나가기 힘들며 늘 할 일이 산더미처럼 쌓여 있다."

_ 카렌 블릭센(Karen Blixen), 《아웃 오브 아프리카》 중

카렌 블릭센 박물관, 음보가니(Mbogani) 하우스와 당시 지도

로버트 레드포드가 눈이 시린 오렌지 빛의 창공을 비행하던 영화 〈아웃 오브 아프리카〉의 원작 소설 시작 부분이다. 이 책은 카렌 블릭센(Karen Blixen)이 덴마크의 브로르 본 블릭센 피네케 남작과 결혼해 1914년부터(29세) 1931년까지(46세) 아프리카 케냐에서 뿌리내려 살고자 노력하며 그곳의 자연과 사람들과 나누었던 경험의 기록이다. 우리가 영화로 알고 있는 이야기는 사실 소설에서 대여섯 페이지 분량도 되지 않으며, 데니스와의 이야기도 심심할 정도로 담백하다.

신품종 'SL28'과 'SL34' 탄생의 밑거름

그렇지만 《아웃 오브 아프리카》는 케냐의 역사, 문화를 이해하는 데 훌륭한 자료이며, 케냐 커피의 발전 배경을 살펴볼 수 있게 한다. 영국의 스콧농업연구소(Scott Agriculture Laboratory)가 케냐에 세워진 건 1922년이었다. 카렌이 한창 케냐에서 커피 재배에 매진하던 시기였고,

1931년 개발된 케냐 커피 신품종 'SL28'과 'SL34'

이러한 대규모 상업적 재배 소식은 분명 식민지였던 케냐를 커피 재배지로써 개척하기 위한 연구 가치의 정보로 제공 되었을 것이다.

1931년 카렌이 가뭄과 병해충, 재해에 굴복하고 떠나던 해에 스콧농업연구소의 선임 연구원 A.D.트렌치(Trench)가 탄자니아의 모둘리 지구에서 가뭄과 병해충에 견디는 품종을 발견하고 이것을 교배해 그 유명한 SL28이 탄생하게 된다. 분명 카렌의 20년간의 커피 경작과 실패 경험이 케냐 환경에서 적응할 수 있는 새로운 품종인 'SL28'과 'SL34' 등을 탄생시킨 밑거름이 되었다.

현재 카렌 블릭센 박물관인 음보가니(Mbogani) 하우스는 스와힐리(Swahili)어로 '숲 속의 집'이라는 뜻이다. 지금은 나이로비가 커지면서 시내가 되었지만 당시 그녀는 나이로비에서 서북쪽으로 약 20km정도 떨어진 곳에 정착해 처음에는 600에이커(1에이커=200×200m)에 커피 농사를 시작했다. 당시 그녀는 1에이커당 600여 그루의 커피나무를 심

그대로 남아 있는 '카렌의 스위치'

었다고 하니 약 36만 그루에 달한다. 소설에서 "커피 농장이 눈부시게 아름다운 때가 있다. 우기가 시작되면서 커피나무에 꽃이 피면 6백 에이커가 넘는 땅 위에 안개와 부슬부슬 내리는 빗속에서 마치 분필 가루가 자욱하게 피어오른 듯한 화사한 광경이 연출되고, 블랙손 꽃처럼 쌉싸래한 향이 난다"고 묘사돼 있다. 그녀가 만났던 순백의 커피는 그렇게 그녀를 황홀하게 유혹했을 것이고, 그곳에서 꽃피울 행복을 상상했을 것이다.

당시 유럽 역시 제2차 산업혁명으로 노동자들의 도시 일자리가 늘어나며 커피 수요가 급격히 증가했고 커피가 돈이 되는 산업으로 인식되기 시작했다. 그녀의 커피도 아마 처음에는 이렇게 몽환적 희망이었을 것이다. 그렇게 그녀는 농장 규모를 1,500에이커로 늘렸고, 케냐 정착 2년째에는 친척들의 투자금을 받아 '카렌 커피 회사'를 설립했다. 이어 그레이트 리프트 밸리 서쪽에 4,500에이커에 달하는 두 번째 농장을 매입하고, 첫 번째 농장도 4,500에이커까지 확장한다.

그 사이 남편의 매독이 자신에게까지 옮아 덴마크로 돌아가 치료를 받고 돌아온 후부터 둘 사이는 멀어진다. 이후 블릭센은 남편과 별거하고 동생 토마스와 커피농장을 꾸려나간다. 4년째 되는 농장의 커피들도 한창 꽃을 피우고 열매를 맺어갈 때 쯤, 데니스 핀치해턴과 만난다. 당시 데니스는 사냥과 케냐를 방문하는 영국 귀족들의 여행을 가이드해 주는 일을 하며 자유로운 삶을 즐기고 있었다.

그녀는 데니스와의 사랑의 결실인 아이를 유산하게 되고, 커피 공장까지 화재로 피해를 입게 된다. 이 공장은 그녀가 직접 설계한 것으로, 책에서는 "대형 커피 건조기가 무쇠 배속에 커피 열매를 담고 해변의 조약돌이 파도에 씻기는 듯한 소리를 내며 덜거덕덜거덕 돌아갔다"고 설명돼 있다. 당시 케냐 커피의 건조는 자연 건조가 아닌 건식 방식이었다는 것을 알 수 있는 대목이다. 가뭄과 몇 번의 메뚜기 떼의 습격을 받으며 한 번도 커피 농사에서 수익을 내지 못하는 고단한 생활을 이어가는데 이것은 당시 케냐의 기후와 커피 재배 환경에 대한 중요한 정보를 주기도 한다.

기후변화 영향으로 생산량 감소

지금 살펴보면 그녀가 선택했던 지역은 안타깝게도 높은 고도의 분지에다 다른 지역처럼 비옥한 황토나 부엽토가 아닌 석회질이 많은 지형이었다. 규칙적이고 충분한 강우량을 필요로 하는 커피에는 맞지 않은 곳이었다. 2016년에 이어 케냐 커피가 겪고 있는 어려움은 강우량 부족과 일정하지 않은 강수량으로 불규칙한 개화기에 영향을 미쳤다. 이는 작년 케냐 커피 생산량 감소와 품질의 저하로 이어져 2017년 케냐 커피 값의 상승의 주요 요인이 되었고, 2022년에도 그 여파는 계속될 것이라고 한다.

UN 산하 환경단체들이 들어와 있는 케냐는 기후변화와 환경에 많은 관심을 갖고 있다. 하지만 내가 바라 본 케냐 커피의 미래는 가장 체계적이고 연구와 시스템을 갖추고 있음에도 빠른 해외 자본의 유입으로 부동산 가격의 상승과 개발로 점차 줄어가는 커피농장과 가뭄 등의 기후변화로 그리 밝지만은 않은 듯했다.

그녀에게 1930년 세계 경제 공황은 더 이상 넘지 못할 파도로 덮쳐온다. 이때 그녀에게 가장 큰 위안은 데니스와의 비행이었다. 우리가 알고 있는 〈아웃 오브 아프리카〉는 그녀가 45세가 되어 처음 데니스와 비행을

커피농장의 일꾼들

시작했던, 어쩌면 그녀 생애 가장 행복하며 아팠을 순간을 담았던 영화 같은 시절의 이야기이기에 더 사랑을 받았을지 모른다.

그녀는 그와 처음 비행기를 함께 탄 지 채 1년이 되지 않은 1931년 3월 자신의 커피농장을 팔고 아프리카를 떠날 준비를 한다. 자유로운 삶을 더 원했던 데니스는 그녀와 함께 떠나기를 원하지 않았고, 홀로 떠나기로 결심한 그녀를 마지막으로 만나기 위해 커피 열매가 빨갛게 익어가는 5월 어느 날 비행을 하다 안타깝게 생을 마감한다.

그렇게 그녀는 사랑했던 어떤 것에서도 결실을 거두지 못했다. 짧은 순간 행복을 선물해준 연인을, 그녀의 모든 것이 내려다보이는 은공 언덕 자락에 남겨둔 채 아프리카를 떠난다. 6년 후, 나이 52세가 되어서야 그녀의 상처인 아프리카 케냐는 추억으로 세상에 나오게 된다. 그녀의 책에서 몇 번이나 나를 붙잡았던 글은 이 대목이다.

"지도자와 추종자 사이의 관계가 역설적으로 바뀔 때가 있다. 양들이

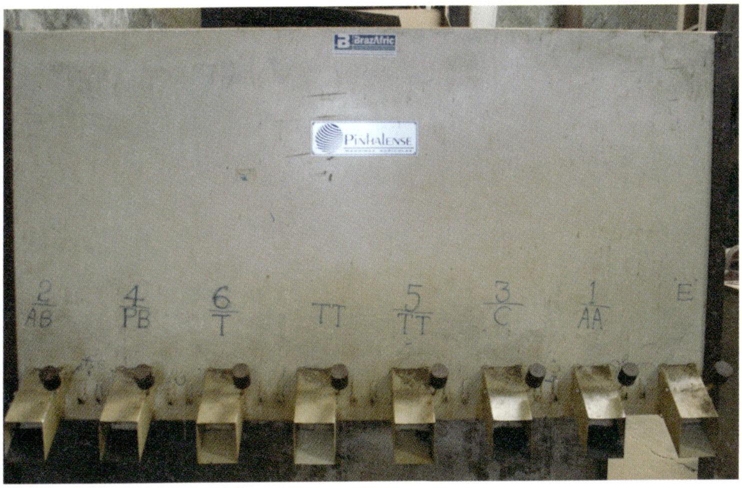

등급별로 커피를 선별하는 설비

지형과 상황을 목동보다 더 잘 알 터이지만 목동을 따르듯... 이미 그들이 먼저 나의 처지를 더 잘 알고 있었을 터인데, 나의 무능으로 그들을 더 이상 도울 수 없을 때에도 그들이 매일 나를 찾아오는 것이 나에게 견딜 수 없는 부담이 되었을 것 같지만 사실 그렇지 않았다. 최후의 순간까지 함께해 준다는 것에 묘한 안도와 위안을 주었다. 나폴레옹 역시 모스코바 전투에서 처절히 패한 후 퇴각하며, 한없는 책임감으로 고통스러웠을 테지만 그런 그들이 없었더라면 그는 아마 홀로 그곳에서 얼어 죽었지도 모른다. 나는 밤이면 어서 날이 밝아 키쿠유족이 다시 찾아오길 손꼽아 기다렸다."

그래서였는지, 나는 그녀의 집에서 때로는 비를, 때론 연인을 간절히 기다리며 종종걸음으로 서성였을 회랑과 어둡고 두려운 밤을 깨우기 위해 주저하고 망설이며 때론 기대었을, 반질반질해진 작고 보잘 것 없는 스위치가 가시처럼 눈에 밟혔다.

당시 그녀가 심었던 커피의 품종이 정확이 어떤 것이었는지 알 수는 없지만, 버번 또는 에티오피아 토착종으로 케냐의 가뭄과 병충해에 취약했던 것으로 보인다. 그녀의 도전이 실패로 끝난 후 케냐의 기후에 적합한 커피 품종에 대한 연구가 성과를 보이며 지금 케냐 커피가 세계 커피의 주류가 되었다. 그녀는 케냐에 청춘과 사랑을 묻고 떠났고 그 자리에 싹이 피어 꽃을 피웠다. 모짜르트의 클라니넷 협주곡 〈K622〉이 푸른 들판을 달린다.

케냐 커피산업

1708년 프랑스 선교사들이 프랑스령 레위니옹 섬(Island Reunion; 과거 Bourbon Island)에 커피나무를 심었다. 19세기 말 프랑스 선교사에 의해 케냐에 커피가 소개되었고, 경작은 1893년 케냐의 해안지역 부라(Bura)에서 시작되었다. 이후 재배 조건이 더 나은 키브웨지(Kibwezi)와 키쿠유(Kikuyu)로 확산되어 1904년 나이로비 부근, '키쿠유(Kikuyu) 족' 거주지에서 본격적으로 재배되었다. 1930년대 커피위원회가 설립(영국 식민 정부)되어 품질 관리, 인허가 등 커피 수출 업무를 체계적으로 관리했다. 1947년 커피 판촉 위원회(CMB; Coffee Marketing Board)가 만들어졌고, 1954년 식민농업정책인 스와이너튼 계획(The Swynnerton Plan)이 발표되며 소규모 커피재배 농가가 급증했다. 1960년 현재의 케냐 커피위원회(CBK; Coffee Board of Kenya)로 발전했다.[5)]

19세기 후반 에티오피아 커피가 전해졌다고 하나 그 종은 케냐 커피의 주종이 되지 못

---

5) 《Coffee Research Foundation in Kenya, Coffee Growers handbook》, 1st Edition, p.5.

했다. 커피 재배는 자연적 흐름이 아닌 정치적, 사회적 조류에 따라 영향을 받으며 발전되었다. 바로 국경을 맞닿아 있는 커피의 기원이라는 에티오피아 커피가 바로 전해지지 않은 것은 커피가 인간 역사의 산물이라는 점을 확인케 한다. 한 번도 외세의 침탈을 받지 않았던 에티오피아와 달리 식민지였던 케냐는 인접한 나라임에도 전혀 다른 품종의 커피가 재배되고 있다.

산업구조	수확 : 6월 중순~12월경(평균 2회) 연간 생산량 : 약 50,640톤(ICO, 2019/20년 기준) 커피 농가 구성 : 단위협동조합 주요 기관 - 케냐커피이사회(CBK; Coffee Board of Kenya) : 품종개발, 경작 실습, 기술지도 등 지원 - 케냐커피수출입협회(KCTA; Kenya Coffee Traders Association) : 커피 경매 시스템 주관. 라이센스를 가진 딜러들이 경매 커피의 샘플들을 로스팅해서 감정사를 통해 감정결과를 발표, 옥션에 등록 거래
품종	탄자니아 버본종의 개량종 - SL 28 : 스콧농업연구소에서 개발한 28번째 품종. 커피 열매병 저항력이 강하고, 향미가 좋음. 해발 1,500m에 적합 - SL 34 : 34번째 품종 : 병 저항력이 약하나 적응력과 생산량 우수, 해발 1,800m 고지대에 적합 - Ruiru 11 : SL 28과 카티모르 종의 교배종, 저항력 생산량은 좋으나 독특한 맛과 풍미가 부족 - Batian : 커피 열매병(CBD) 및 녹병에 강함, 생산량이 많음 - K7 : 저지대, 커피녹병, 가뭄에 강하고 생산량도 많음
가공방식	내추럴, 워시드(1972년 도입)
등급	1. AA : 스크린 사이즈 18 이상 (스크린사이즈 1= 0.4mm; 4등급까지 수출, 이하는 국내용) 2. A : 스크린 사이즈 17 3. AB : 스크린 사이즈 15~16 4. C : 스크린 사이즈 14(Peaberry) 5. TT 6. T

카메룬의 족장(Fon)들

카메룬은 아프리카 대륙의 한가운데에 위치해 있다. 아프리카 동쪽에 킬리만자로(5,895m)가 있다면 서쪽에는 카메룬산(4,040m)이 있다. 2000년 5월 분화로 50m 가량 녹아내린 활화산이다. 카메룬의 화산재는 해안가에 쌓여 블랙 펄을 만들어 과거 영국과 프랑스 식민지 시절 프랑스인들의 휴양지로 사랑을 받았고, 피카소와 세잔느 등 프랑스와 유럽의 예술가들은 이곳 카메룬의 조각품과 그림 등에 많은 영감을 얻었다.

서부 고지대에서는 17~18세기 바밀레케 족과 바문 족이 문화를 발전시켰고, 중북부 사바나지대에는 18세기 이슬람 유목민, 폴라니 족이 침입해 추장국을 세웠고, 1806년 아다마와 왕국을 건설했다. 하지만 아프리카의 가운데 위치한 지리적 여건으로 자원의 수탈과 수많은 아프리카인들을 노예로 실어 나가기 위한 송출항이 되었다.

대서양 해안 쪽으로 두알라 족이 독일과 보호협정을 맺음으로써 독일의 식민지화가 시작되었고, 제1차 세계대전에서 독일이 페하자 유엔의 위탁통치령에 따라 카메룬의 남부 80%는 프랑스의 동카메룬과 북쪽 20%는 영국의 서카메룬으로 나눠져 40여 년간 지배를 받게 된다(1922~1961년). 이 과정에서 200개 이상의 족장 중심의 부족 문화는 점차 사라지게 되고, 개발과 함께 족장 역시 도시화되었다. 족장은 영어권과 프랑스어권에 따라 다소 차이가 있으며, 일부 족장은 자치권을 갖고 있으며, 자신의 고유 영토에 대한 소유권을 가지고 있다. 북서 지역에 남아있는 족장과 부족 문화를 살펴보았다.

산타(Santa) 마을 족장

산타의 팰리스(Palace)는 엠부 바포츄(Mbu Baforchu) 마을에 있다. 족장의 여덟 번째 아들인 사무엘의 안내로 그곳에 갔다. 40년 이상된 토요타 택시의 쇼파는 스펀지가 카스텔라처럼 숭숭 드러나고, 에어컨 구멍은 뚫려 있었다. 먼지가 쌓여 앞이 보이지 않을 때면 운전석 윈도우 브러시만 끼익거리며 힘겹게 마른 먼지를 밀어냈다. 이 차로 가파른 산길을 오르기는 무리라 생각했는데, 결국 빙판길에 미끄러지듯 도랑에 박히고 나서야 우리는 차에서 내릴 수 있었다. 다행히 지나가던 사람들의 도움으로 도랑에서 차를 빼낼 수 있었다.

그날 족장은 팰리스에 있지 않았다. 대부분의 시간을 시내인 바멘다에서 보낸다고 했다. 그리고 며칠 후 우연히 바멘다 시내에서 세 명의 부인

족장의 팰리스 외관과 내부

족장 집무실

과 어린 자식을 차에 태우고 지나가는 족장을 만날 수 있었다.

팰리스는 마을과는 조금 떨어져 있었는데 뒤편에 웅크리고 있는 사자처럼 생긴 큰 바위가 있었다. 마을사람들은 '마포무송(Maformusong)'이라 불렀는데, 마을에 큰 재앙이 생기면 바위가 울음을 터트린다고 했다. 팰리스는 성벽처럼 흙으로 만든 시멘트로 둘러쳐져 중앙에 사각형의 광장이 형성되어 있었다. 여러 개의 방들이 회랑을 따라 나눠지며 통하게 되어 있었다. 40명은 족히 모일 수 있는 큰 방과 손님이 왔을 때 쓰이는 작은 방 그리고 집무실 등이 있었다.

집무실은 나무를 통째로 깎아 조각한 '족장의 의자(Royal Throne)' 좌우로 조각 기둥(Toh Bontoh)이 세워져 있었고, 대통령과 함께 찍은 사진 액자가 지금 족장의 권위를 보여주는 듯했다. 내부는 흙벽이라 그런지 시원했지만 전기가 들어오지 않아 창으로 들어오는 빛이 전부였다. 그 빛 한 줄기가 집무실 바닥 가운데에 가시 철망을 감아 놓은 작은 바위

바멘다 시내에서
만난 산타마을 족장

에 이르고 있었다. '작은 돌(Atigui)'이라는 이 성물은 일명 '심판의 돌'이라고 했다. 마을에 송사가 생겼을 때 족장은 당사자들을 불러 이들 손을 돌 위에 올려놓게 한다. 그러면 거짓을 말한 자는 7일 이내에 죽게 된다고 했다. 어찌 보면 이것이 현재를 사는 우리들에게도 필요한 가장 양심적이며 현명한 재판일 수도 있을 거라는 생각이 들었다.

잠깐 사무엘이 자리를 비운 사이 팰리스 구석구석 사진을 찍고, 신기해 보이는 족장의 조각품들을 이리저리 만지며 살펴보았다. 내가 계속 보이지 않자 그가 다급히 나를 찾았고, 족장의 물건을 함부로 손대면 큰 화를 입게 된다고 했다. 나는 아무 것도 손대지 않았다며 손사래를 쳤지만 그날 저녁 배가 아파서 혼이 났다. 진짜 전설 때문이었을까?

도시가 만들어지고 마을들 중 시내 가까이에 있는 마을의 주민들은 그곳에 머물지 않고 시내로 나갔고, 자연스럽게 족장들의 권위도 약해졌다. 이런 흐름을 빨리 받아들인 족장은 자신의 부를 잘 활용해 더 큰 부

'심판의 돌'

를 축적하거나 정부의 관료가 되기도 했다.

이어지지 못하는 전통과 빈자리는 빛이 들어오지 않는 어둠 속에 남아 먼지가 쌓이고, 외지인들의 전시품이 되어가고 있었다.

노니-딘(Noni-Din) 마을 족장

카메룬 북서지역에서 동쪽으로 더 올라가면 노니(Noni) 지역이 나오고, 그 중 한 곳이 딘(Din) 마을이다. 넓은 계곡 안쪽에 소담하게 자리하고 있는데, 한국의 옛 시골 마을을 연상시킨다. 구불구불 좁은 마을길을 지나가면 공동 수도가 나오고, 큰 물통을 들고 물을 받고 있는 아이들을 만날 수 있었다.

딘 마을 족장은 얼마 전 죽은 아버지의 자리를 물려받았다. 족장은 일부다처로 보통 다섯 명 이상 많게는 열 명 이상 부인을 두기도 한다. 족장의 자리를 이어 받는 장남을 제외한 나머지 자식들은 팰리스를 나와 각자의 삶을 살아간다.

노디 딘 마을 족장

팰리스 입구는 3개의 첨탑 지붕이 세워져 있고, 각 지붕 위로 흰 표범, 코끼리, 사자 모양의 장식이 꽂혀 있었다. 우리 일행이 의전을 담당하는 사람에게 방문 소식을 전하고 20여 분이 지나서야 안으로 들어 갈 수 있었다. 마티 씨가 우리를 대표해서 조문을 하고 왔고, 안내에 따라 접견실 벽 쪽으로 나란히 앉아 족장을 기다렸다.

접견실은 족장의 의자 뒤로 나무 조각 기둥과 신물들로 장식되어 있었다. 특히 의자 바닥에는 왕골 같은 것으로 짠 검은색의 발바닥 모양의 발판이 발을 올려놓는 자리인 것으로 보였다. 의자 앞 테이블 위에는 목각 장식품이 진열되어 있었다.

20여 분이 지나자 웃통을 벗고 장신구를 몸에 두른 건장한 족장이 모습을 나타냈다. 뒤를 이어 '까바(카메룬 여자가 입는 전통의상)'를 차려입고 지팡이를 든 소녀가 따라 나왔다. 우리는 모두 일어나 고개를 숙이고 족장을 맞았다. 족장이 자리에 앉고 그의 왼편에 소녀가 앉았다. 족장은 슬리퍼를 벗고 맨발을 발판에 올려놓았다. 신하는 우리에게 다가와 족장의 환영의 인사말을 전했다. 족장이 허락하기 전까지 바로 쳐다보고 대화를 나눌 수 없어 우리는 모두 신하의 귀와 입을 통해야만 했다.

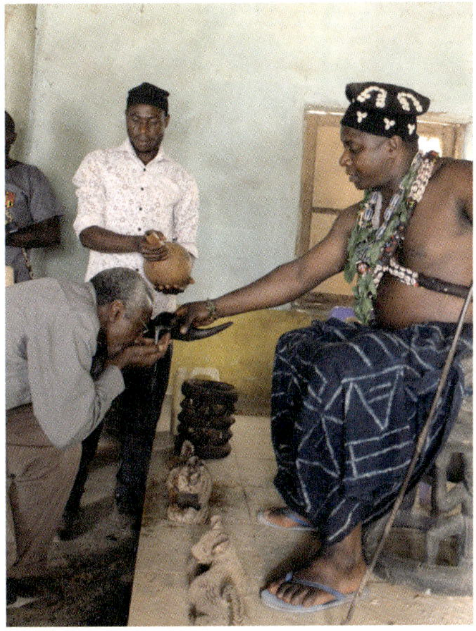

팰리스 워터를 마시는 모습

족장은 신하를 통해 무언가를 가져오게 했다. 그것을 '팰리스 워터(Place water)'라 불렀고, 한 사람씩 족장 앞으로 나가 무릎을 꿇고 쇠뿔로 만든 주전자로 부어주는 것을 고개를 숙이고 두 손을 모아 받아 마셨다. 그리고 뒤로 한 걸음 물러서며 마치 '당신이 준 것을 다 마셨다'는 듯이 손뼉을 세 번을 치고 자리에 돌아와 앉았다. 족장의 권위를 받아들이겠다는 의미였다. 음료의 색깔은 연한 우유 빛으로 맛은 달착지근하니 약한 탄산이 들어간 막걸리 같았다. 사탕수수를 발효시켜 만든 전통주였다.

족장은 자신의 마을에서 일어나고 있는 커피 창고와 가공시설 설치에 대해 관심을 보였고, 마을의 경제가 조금 더 좋아지고 청년들이 지금보다 더 많이 그곳에서 일할 수 있기를 바랐다. 우리를 맞이하는 동안 내내 한 손에 스마트 폰을 꼭 쥐고 인형처럼 앉아있는 족장의 딸을 보며, 과거를 품고 현재를 살아가는 그들의 삶이 녹록지는 않을 거라는 생각이 들었다.

음베싸(Mbessa) 마을 족장

음베싸로 가는 길은 두 갈래였다. 하나는 벨로를 지나 지니콤을 거쳐 아케 마을을 통해 가는 길이다. 보요 디비전 한가운데를 완전히 가로 질러 디비전의 경계선을 타고 가는 방법인데 그나마 포장이 되어 편하지만 돌아서 가는 길이라 멀고 시간이 오래 걸린다. 다른 하나는 벨로 쪽에서 산을 올라 능선을 타고 가로 질러가는 방법인데 2,850m의 산을 넘어야 하기에 도보가 아니면 거의 이용하지 않는다.

결국 시간을 절약하기 위해 두 번째 길을 선택했는데, 도저히 차로 갈 수 있는 길이 아니었다. 걸어 오르기에도 가팔랐지만 기어코 차를 이용했다. 차가 몇 번을 뒤로 미끄러져 내려 자칫 전복될까 겁이나 내려서 걸어 오르고 싶었지만, 어쩔 수 없이 차의 손잡이에 매달려 겨우 산마루에 오

음베싸 마을 족장

를 수 있었다. 저만치 해발 2,560m의 오쿠 호수가 내려다 보여 능선의 높이를 가늠할 수 있었다. 산 위에는 푸른 초원과 나무 오두막 그리고 소와 염소, 양떼들이 풀을 뜯고 있는 광경이 펼쳐졌다. 밀림의 정글 숲 같은 좁은 내리막길을 차는 나뭇가지에 긁혀가며 겨우 빠져나왔고, 오른편으로는 낭떠러지인 좁은 길을 바짝 붙어 내려갔다. 산을 넘으니 음베싸 마을까지는 그리 멀지 않았다. 왜 이런 위험한 길을 넘어 왔는지를 알 수 있었다.

족장은 40대 중반으로 키가 크고 건장한 체구를 하고 전통의상인 줌바와 판타롱을 입고 있었다. 접견실은 운동장처럼 넓었고 족장의 의자 뒤 벽면에 큰 레오파드 그림 외에는 별다른 장식품이 없었다. 마을 원로들과 우리 일행은 서열에 맞게 접견실 양편으로 플라스틱 의자에 일렬로 앉아 족장을 맞았다. 우리의 말은 모두 족장과 우리 사이를 오가는 신하를 통해 전달되었다. 의전을 담당하는 신하가 맥주나 콜라 중 마시고 싶은 것을 물었고, 내가 맥주를 선택하자 푸른색 통에 음료를 담아 들고 왔

집무실

다. 그리고 나무 조각 끝에 나사를 두개 박아 만든 병따개로 뚜껑을 따주었다. 카메룬의 집 식탁 위에 놓여 있던 이 이상하게 생긴 것이 어떤 용도인지 그때서야 알았다. 족장은 우리와의 대화가 끝나자 모여있는 원로들과 자신들의 언어로 뭔가 중요한 대화를 나누었는데, 영화에서 보았던 왕을 알현하는 모습과 같았다.

곧이어 밖에서 준비된 기념행사를 위해 족장은 일어났고, 족장의 허락을 받고 함께 기념사진을 찍은 후 팰리스를 둘러 볼 수 있었다. 벽에는 족장의 권위를 상징하는 동물들의 형상이 군데군데 그려져 있었는데, 우리 민화 같아서 친근했다. 팰리스의 광장 가운데에는 나무 한 그루가 심어져 있고, 족장이 앉는 단상 앞에는 흰색에 검은 줄무늬가 있는 레오파드가 펼쳐져 있었다. 몇 해 전 직접 사냥을 한 것이라고 했다.

내가 방문한 날이 기념일이라 주민들이 각기 다른 문양의 색으로 염색된 전통의상을 갖춰 입고 무리지어 있었는데, 150명은 족히 되어 보여 음

베싸 마을의 규모를 짐작할 수 있게 했다.

몸에 장신구를 두르고 지팡이를 든 족장의 목소리는 마이크 없이도 광장의 구석구석까지 전해졌다. 족장은 마을의 중심이었고 구심점이었다. 행사의 막바지에 주민들이 광장으로 나와 족장 앞에서 머리를 조아리며 노래와 춤을 추었다. 행사에 초대받은 사람들은 그들의 발 앞으로 돈을 던져 주며 답례를 했다. 족장의 권위와 영향력은 도심에서 떨어질수록 컸고, 특히 이곳의 주 생산물인 커피에 대한 유통은 모두 족장의 권한이었다.

팰리스 광장

은퀜(Nkwen) 마을 족장

메잠 디비전(Mezam Division)에는 카메룬에서 다섯 번째로 큰 도시 바멘다 시가 있다. 바멘다는 은퀜(Nkewn Resion)에 속해 있다. 바멘다 시내로 들어가는 길목에 궁금증을 자아냈던 동상이 하나 있었는데, 먼지로 덮여 있었지만 그 앞에는 늘 조화가 놓여 있었다.

은퀜 마을 족장을 만나러 가는 날은 우리 일행이 바멘다 과학기술대학(BUST) 총장을 만나 커피학과 개설에 대해 이야기를 나누고 알롱시 농장을 다녀오던 길이었다. 농장은 아추 콩(Achu Kong) 씨가 책임지고 관리하고 있었는데, 그는 은퀜 지역 족장의 동생이었다.

동상을 지나 오르막길을 따라가면 팰리스의 입구를 알리는 큰 문이 있다. 팰리스는 큰 성문에 비해 규모가 그렇게 크지 않아 보였다. 작은 문 두 개를 지나 팰리스의 안으로 들어서니 가운데 작은 정원이 있었다. 이곳은 마치 레스토랑의 테라스처럼 아담했고, 테라스에는 큰 테이블들이

놓여 있었다. 우리는 테이블에 앉아 족장을 기다렸다. 족장은 자신의 동생이 데리고 온 손님이라서 그런지 시내에 인접해서 그런지 다른 곳의 족장들과 다르게 복장도 특별한 장신구 없이 간편한 줌바와 판타롱만 입은 채 스스럼없이 우리를 맞았다.

의전을 돕는 사람이 있었지만 중간에서 말을 전하는 일은 하지 않았다. 점심 무렵이라 우리에게 닭튀김과 옥수수가루를 튀겨 만든 도넛을 맥주와 함께 내놓았다. 바멘다 시와 가까운 거리에서인지 마티 씨와도 편하게 대화가 오고 갔지만, 동생인 아추 씨는 형인 족장에게 격식을 갖추려고 노력했다.

도시에 편입된 팰리스는 바쁘고 간편해진 도시 생활에 맞춰 변했고, 족장은 상징적인 존재로 마을의 주요 사안들에 관여하거나 결정권은 미약해 보였다. 아버지를 이어 족장이 된 형이 부러운 것인지, 팰리스에 묶여 있지 않고 살아가는 동생이 부러운 것인지, 두 사람의 사이에는 묘한 서먹함이 느껴졌다.

은퀜 마을 족장

품반(Foumban City) 시 족장

품반(Foumban) 시는 카메룬 서부지역의 중심 도시로 바문(Bamoun) 족의 본산이다. 바문 족은 용맹하다고 알려져 있다. 품반의 바문 왕조는 1394년 응사레 연(Nshare Yen) 족장이 시작했고, 그들만의 언어 '슈몸(Shumom)'도 있었다.

1884년 독일의 식민지가 되기 전까지 그들의 글과 말을 사용해 왔다. 족장은 20세기 초 전통복을 벗고 양복으로 갈아입었다. 창과 방패 대신 총을 들었고, 침탈 된 땅은 근대화라는 문물을 받아 들여야만 했다. 그리고 부족 마을은 도시가 되었다.

이제 이들의 족장은 시장이 되어 지역을 다스리고 있다. 과거 1917년 독일 식민지 시절 지어진 중세의 성 같은 팰리스 건물은 청사로 사용되다가 현재 박물관으로 사용되고 있다. 그리고 밖으로 나오면 광장 앞으로

바문 족의 팰리스는 현재 박물관으로 사용되고 있다.

이슬람 사원이 보이고, 사원 앞 광장은 강에서 잡은 물고기 말린 것이며 짝 잃은 슬리퍼 등 온갖 상품을 파는 시장이 있다.

팰리스 정문은 바문 왕조를 상징하는 뱀과 거미의 문장이 새겨진 철문으로 되어있고, 문 옆으로 뤼데 아티상(Rue des Artisan)이라고 하는 작은 공방들이 늘어서 있다. 이곳은 10년 전까지만 해도 예술가들이 모여 그림과 가면, 조각품을 만들어 팔던 곳이었다. 예술가들은 다 떠나고 골동품 가게가 되었는데, 찾는 관광객들도 거의 없어 지금은 대부분 문을 닫았다. 공방 길을 따라가면 '바문 전통 박물관(Muses des Arts et des Traditions Bamoun)'이 나오는데, 현재 이곳은 품반 시장의 사택으로 사용되고 있었다.

프랑스 식민지 시절 피카소에게 영감을 주었던 품반은 피카소 화풍의 거리 벽화만이 찬란했던 문화를 기억하게 했다. 이곳은 이슬람 문화의 영향인지 건물들과 사람들의 복장도 여느 카메룬의 지역들과 다르다는 느낌을 준다.

박물관 옆에 있는 공방들

은조야(NJoya) 왕은 어린 나이에 왕으로 재위하여 정치적 반란을 제압하기 위해 사하라 사막의 사헬지대에서 활동하던 이슬람 유목민인 '폴라인' 기병의 도움 받았고, 이들을 통해 자연스럽게 이슬람 문화를 받아들이게 된다. 그리고 아프리카에서는 이례적으로 신하 '은지마마'와 '아드지아'를 통해 1896년부터 500여 개의 음절로 이루어진 자신만의 문자를

만들기 시작해 1918년 '아카우쿠'라고 하는 80개의 음절과 숫자 기호를 완성했다. 또한 이슬람의 문화와 염색 기술, 독일의 인쇄기술을 도입해 카메룬의 전통 문화와 결합한 화려하고 강렬한 색감의 문양과 자유로운 디자인을 만들어 냈다. 정교하고 감정이 살아있는 듯한 수공예품은 유럽의 예술가들에게 깊은 인상과 영감을 주었다.

하지만 왕의 자존심이라 할 수 있는 왕의 의자까지 빼앗기고(왕좌는 베를린 박물관에 전시되어 있다), 기독교로 개종해 독일과 우호 관계로 자치권을 유지해 오던 바문 왕족은 프랑스 점령 이후 절체절명의 위기를 맞는다. 프랑스는 강압적 문화 정책으로 자치권을 빼앗고, 문자도 사용하지 못하게 했다. 은조야 왕은 해결책으로 다시 이슬람교로 개종하고 나이지리아에 기반을 둔 '소코토 칼리프'의 권위를 받아들여 '왕자 에미르'라는 칭호를 얻었다. 이슬람 지도자들을 받아들이며 프랑스에 대항해 국가와 문화를 지키려 했지만 끝내 1923년 왕위에서 쫓겨나 1931년 야운데로 추방되었다. 그는 결국 고향으로 돌아오지 못하고 1933년 숨

박물관에 전시된 조각품들

품반 시장(족장)이 자신의 부친과 당시 총리였던 존 응구 폰차와 찍은 사진에 대해 설명하고 있다.

을 거둔다. 지금은 그의 자손이 시장이 되어 왕국의 670년의 역사를 이어가고 있다.

2018년에는 마티 폰차 씨의 소개 덕에 2016년에 홀로 품반을 여행했을 때와 다르게 품반 시장이 직접 안내해 주었다. 시장의 부인은 세련된 연보라색 하늘거리는 히잡을 두르고 화사하게 우리를 맞았다. 점심을 준비해 주었고, 우리가 식사를 마치자 하얀 토브(tobe)를 입은, 키가 190㎝가 넘는 시장이 마치 물 위를 걷는 듯 부드러운 발걸음으로 나타나 인사를 했다. 그리고 자신 가문의 역사가 보존된 박물관 구석구석을 안내해 주었다. 건물은 2층으로 되어 있었고, 먼저 가보았던 박물관과 다르게 은조야 가문의 개인적 소장품들이 보관되어 있었다.

시장은 1층으로 내려와 창고 한켠에서 큰 사진 액자를 찾아 들고 왔다. 이 사진은 1961년 영국과 프랑스에서 독립 후 통일을 위한 회담을 마치고 팰리스 앞에서 그의 아버지와 당시 총리였던 존 응구 폰차가 함께 찍은 역사적 사진이었다. 그는 자신들과의 폰차 가문과의 깊은 인연에 대

품반 시 거리 벽화

해 설명하며 자랑스러워했다.

이어서 그들이 안내한 곳은 100에이커 규모의 커피농장으로 이곳은 평지에 조성된 포레스트 농장으로 일정한 간격과 높이로 심어져 계획 재배되고 있었다. 그리고 100년 가까이 된 것으로 보이는 커피나무들도 상당히 많이 남아 있어, 1900년대 초 커피가 본격적으로 계획 재배되기 시작했던 당시의 모습을 유지하고 있었다.

시장 부부는 자신들의 커피농장에서 수확해서 가공을 마친 커피 샘플을 가져와 설명해 주었다. 품반 시의 구석구석을 직접 소개하는 그들에게는 외세의 영향에도 자신들의 것을 지키며 이어오고 있는 전통과 역사의 자부심이 배어 있었다.

커피 그 이상

카페인의 마력, 치유의 물

우리는 커피의 시작이나 기원을 이야기할 때 커피를 누가, 어디에서 먼저 마시게 되었을까를 생각한다. 그러면서 에티오피아나 이슬람을 떠올리며 칼디, 바비부단 등을 이야기한다.

커피의 기원은 크게 두 갈래로 나누어서 이야기되어야 한다. 하나는 커피나무의 기원이고, 다른 하나는 커피 음용의 기원이다. 커피나무의 기원은 식물학의 유전자적 원산지를, 커피 음용의 역사는 인간 문화 발전의 역사를 찾아가는 것이다.

커피의 본질은 식물학의 유전자 뿌리나 물리적, 화학적 분석, 역사적 사건 등으로 분리해서 접근하는 것으론 부족하다. 우리 손에 들려있는 한 잔의 커피는 인간이 이 지구에서 시작되기 전부터 자연의 환경과 호흡하며 진화해온 산물이기 때문이다. 어느 한 퇴적층의 단면만을 잘라 커피의 전부를 바라볼 수 없다. 커피도 존재하는 모든 것 중 인간이 발견한 무수한 가닥 중 하나이고, 모든 개별 정체성의 융합체라는 사실이다. 통합적 사고를 통해 코페아 아라비카와 코페아 카네포라(일명 로부스타) 품종이 다루어져야 한다.

식물학자들에게 커피는 꼭두서니과에 속하는 열대성 식물 중의 하나로, 커피의 DNA를 가진 모든 열매에서 커피는 시작된다. 커피를 어떻게, 누가 먼저 마시게 되었는가보다 커피나무가 어디에서 어떻게 태어나게 되었는가를 알아야 하는 이유이다. 그 탐구의 과정은 식물의 뿌리를 찾는

길이고, 커피의 고향을 찾아가는 여정에서 커피 음용의 역사와 맞닿는다. 또한 거의 모든 것의 시작이며 세상의 중심이었던 아프리카를 만나게 된다.

100년 된 카메룬 커피나무

'유게니오이데스'와 카네포라의 만남

야생 커피 품종은 탄자니아, 에티오피아, 마다가스카르, 케냐, 콩고, 모잠비크, 카메룬 등에서 수집되었고, 우리가 익히 알고 있는 것과 조금 다른 모양을 한 커피 열매를 비롯해 현재까지 100개가 넘는 품종이 발견되었다. 그 중에서 주목해야 할 지역이 아프리카의 '옴파로스' 카메룬이다.

커피나무의 조상은 약 2,730만 년 전 치자나무의 선조에서 비롯돼 1,440만 년 전 시로미미즈로 분기되고, 남 기니아 지방(현재 카메룬 주변)에서 생겨났다. 내가 카메론을 커피나무의 고향으로 일컫는 배경이다. 이후 열대지역 전체로 퍼져나가 상이한 환경에서 적응하고 변화한 것이 420만 년 전이다.[6] 이것이 모계 유게니오이데스 (C,eugenioides)와 부계 카네포라 종과 만나 현재 아라비카 종이 나오게 되었다고 학자들은 보고 있다.

6) Franc,ois Anthony 외, 《Adaptive radiation in Coffea subgenus Coffea L. (Rubiaceae) in Africa and Madagascar》, 61쪽, springerlink.com(2010).

이렇게 태어난 아라비카 커피가 에티오피아 서부 카파(Kaffa) 지역에서 음용되기 시작했다는 이야기가 널리 알려져 있으나, 현재 우리가 일반적으로 마시는 방식인 커피의 씨앗을 볶아서 그 물을 우려먹게 된 시기와 과정에 대한 명확한 기록은 남아있지 않다.

"들판에 탐스럽게 잘 익은 커피의 붉은 열매는 배고픈 양과 염소 그리고 목동의 식욕을 자극했고, 열매를 먹는 염소를 보고 배고픈 목동의 손이 갔다. 하지만 모양과 달리 과육보다 씨앗이 대부분인 이 새콤달콤한 커피 열매는 목동을 실망시켰다. 그 아쉬움을 달래고자 열매를 모아 물에 우려 마셔 보았다. 그때 열매에서 녹아내린 카페인의 마력은 목동을 더 이상 그냥 내버려두지 않았다. 해가 지고 날이 어두워지자 불을 지피기 위해 열매를 따고 남은 커피나무의 잔가지에 붙어있던 몇 알의 열매가 불에 타며 치명적인 커피의 향이 밤하늘 가득 피어올랐다. 이제 산속 목동의 오감은 작고 붉은 열매의 포로가 되었다. 물병의 커피 열매를 띄워 우려낸 새콤달콤한 물은 한 모금만으로도 한낮의 갈증을 덜어주었고, 화톳불에서 골라낸 알갱이들의 쓴맛은 외롭고 고단한 밤의 동반자가 되었다. 이제 카파의 목동들은 어디를 가도 주머니에 그 붉은 열매를 담고 다녔다."

그리고 이 소문은 호기심 많은 수도자들에게 번져 커피는 신성한 치유의 물이 되었다.

점수로 결정하는 가치의 함정

지난 반세기 동안 커피산업은 눈부시도록 성장했고, 재배 및 가공 기술의 발전과 더불어 품질 개선이 이루어졌다. 커피는 산지별로 가공기술에 따라 더 세분화 되었다. 거기에 각국 커피협회들은 회원들을 위한 점수와 등급을 만들고, 이것은 시장가격에 영향을 미친다. 너도 나도 스페셜티커피(Specialty Coffee), 말 그대로 '특별한 커피'라 강조한다.

그렇지만 스페셜티커피에 대한 정의를 두고 논란이 많다. 스페셜티커피는 에르나 크누첸(Erna Knutse)이 1974년 〈Tea & Coffee Trade〉 저널에서 특수 미생물에 의해 커피에서 추출되는 최고의 향미에 대해 설명하기 위해 처음 사용했다. 이후 스페셜티커피가 마케팅용으로 남용되면서 논쟁이 일기 시작했다. 세계 스페셜티커피협회(Specialty Coffee Association)가 정의한 스페셜티커피는 다음과 같다.

"특수하고 이상적인 기후에서 재배되며, 컵의 풍미와 맛이 독특하고 결점이 없는 것이 특징이며, 이러한 독특한 풍미와 맛은 생산지 토양의 특성과 특별한 특징이며, 기준에 따라 엄격히 분류되고 관리 되어진 커피로 스페셜티커피협회에서 정한 스페셜티 기준에 따라 커피를 평가하여 100점 중 80점 이상의 커피를 스페셜티커피라고 한다."[7]

커피협회들은 이를 본격적으로 마케팅의 도구로 사용하기 시작했고,

7) SCA (Specialty Coffee Association), "What is Specialty Coffee"(2016.04.01).

업자들은 커피의 값을 매기기 위한 등급과 판매 촉진을 위한 수단으로 활용했다. 커피 생산국이 아닌 한국의 커피시장은 스페셜티커피에 대한 정의가 더욱 모호하다. 해외 협회, 단체의 정의를 따르거나 각자 필요에 따라 마케팅에 활용할 따름이다.

투명한 정보, 공평한 거래, 친환경 재배

커피는 단순한 농산물이 아니다. 교역량이 가장 많을 뿐 아니라 재화를 넘어 문화산업으로 성장했다. 이를 인식하고 집중 투자한 국가들과 기업, 카페들은 빠르게 성장했다. 모두 자신들의 커피가 '스페셜티커피'라 강조하고 상대방을 비난하기 바쁘다. 누구나 자신들의 커피를 인정받고 싶겠지만 커피의 본질적 특성이 뒤범벅된 용어를 사용하며 서로 화살을 겨눌 것인가?

말의 독점적 권한은 없다. 대부분의 국가나 기관, 협회들은 평가 기준에 80점, 90점이라고 하는 각자의 평가 점수로 스페셜티커피를 결정한다. 소비자들에게는 단순하고 직관적 지표가 될 수 있을지 모르지만 점수와 등급을 매기고 그것으로 가치와 가격을 결정하는 것에 문제를 제기하고 싶다. 점수와 등급은 모든 것을 설명하지 못하며, 이것만으로 가치를 인증하는 건 불공평하다.

"스페셜티커피는 산지에서부터 소비자에게 이르는 과정이 투명해야 한다. 생산지와 생산자에 대한 정보와 거래 과정 및 수출입, 유통 과정 모두가 상호 공평한 거래로 소비자가 신뢰할 수 있어야 한다. 환경 보존과 정당한 노동의 대가로 재배, 생산되어 그 지역의 환경, 품종, 프로세싱 등에 따라 고유의 맛과 특색을 지닌 커피를 말한다."

스페셜티커피가 이렇게 정의되길 소망한다.

새로운 가공기술의 맹점

열매를 가꾸고, 과육을 벗기고, 말리고, 볶는 과정까지 커피는 다른 식용 작물들보다 음용하기까지 많은 과정이 수반된다. 특히 가공방식에 따라 다양한 향미를 지니게 되기 때문에 커피생산자들은 많은 노력을 기울여왔다.

가공방식은 내추럴(natural; 커피체리를 수확 후 바로 건조시킨 후 마른 과육을 벗겨내는 방식), 워시드(washed; 커피체리의 과육을 물로 씻어내고 건조하는 방식), 퍼펙트 내추럴(perfect natural; 다 익은 커피체리를 수확하지 않고 커피나무에 달린 채 건조하는 방식), 펄프드 내추럴(pulped natural; 커피 체리의 과육을 제거한 후 씻지 않고 건조하는 방식), 허니 프로세싱(honey processing; 커피 체리의 과육을 제거한 후 파치먼트에 남아 있는 과육을 씻어 내는 정도를 다양하게 하여 건조하는 방식으로 블랙, 레드, 옐로우 등이 있음) 등이 있다.

여기에 더해 지금은 무산소발효(Anaerobic), 탄소침용발효(CM; Carbonic Maceration) 등 건조과정에서 발생하는 미생물에 의한 발효과정에 개입해 이를 통제하거나 제어함으로써 새로운 맛을 만들어내는 방법으로 발전하고 있다. 헤이즐넛 커피처럼 가공이 끝난 원두에 향미를 더해 다른 향과 맛을 만들어내던 방식에서 더 나아가 생두 상태에 가향, 가미를 함으로써 보다 자연스럽게 커피의 맛과 향을 원하는 대로 디자인하는 '디자인 커피(Design Coffee)' 시대가 도래한 것이다.

자연스럽다? 인간스럽다!

인간은 새롭고 아름다운 것을 추구한다. 이 과정에서 인공적인 기술이 동원되기 마련이고, 이를 자연스러움으로 숨기려 한다. 커피 업계로 보면 각종 대회와 커피 협회들이 이런 욕망을 자극한다. 태어난 그대로에서 다른 아름다움을 탐해 화장(化粧)을 하고, 이를 자연스럽게 보이도록 기본 틀을 바꾸는 성형(成形)을 한다. 커피에서 맛을 느끼는 것이 아니라 원하는 맛을 만드는 기술에 더 흥미를 느끼고 자랑으로 여기는 것이 유행처럼 번져간다. 대회에서 수상한 이런 커피들로 인해 커피 생산자들은 이를 구현할 수 있는 가공 기술과 시설 도입을 요구받는다.

또 다른 새로운 맛을 추구하는 건 문제가 아니다. 다만, 이러한 발효 기술을 이용한 가공법은 많은 비용의 시설과 장치 투자를 필요로 한다. 자본이 부족한 국가나 소농들은 엄두를 내기 힘들다. 설령 어찌해 자금

을 모아 시설을 갖추었다 하더라도 이런 유행이 언제 또 바뀔지 알 수도 없다.

'자연스럽다'는 말은 자연을 바꾸려 하면서도 결국 자연으로 돌아가고 싶어 하는 아이러니한 사고이다. 자연을 자연스럽다고 하지 않기 때문이다. 자연이 보기에는 모두 '인간스러운 것'이다.

지금 커피에서 더 다양한 향과 맛을 만들기 위한 시도가 문제가 아니라, 대회 지향적이고 자본 주도적인 커피산업의 발전은 지양되어야 한다. 자연을 탐하고 독점하고 싶은 욕망을 버려야 한다. 우리는 언젠가 자연으로 돌아가 자연이 된다.

커피 생산자를 떠올려야 하는 이유

영어 커피(coffee)는 프랑스어로 카페(café)이다. 이탈리아어도 카페(caffe), 독일어도 카페(Kaffee)이다. 네덜란드어는 코피(koffie), 터키어는 카베(kahveh), 아랍어는 카와(qahwa 또는 khawah)라 부른다. 그렇지만 현재 커피는 음료로, 카페는 커피를 마시는 공간으로 인식된다. 커피와 카페가 왜 구별되었을까?

다른 음료와 다르게 거대 문화산업으로 발전한 커피의 생명력은 카페인(caffein)의 각성 작용만이 아니라 공간에 있다. 커피와 비슷한 차(茶)가 이렇게 산업과 문화로 발전하지 못한 건 귀족들과 상류층들의 유희에 머물렀기 때문이다. 차는 중국에서 차예(茶藝)라고 해서 차를 마시는 행위를 예술로 칭했고, 일본에서는 다도(茶道), 한국은 차례(茶禮)라고 해

서 차를 신성히 여겨 명절에 조상에게 차를 바치는 제사를 지냈다. 차 마시는 것을 통해 몸과 마음을 다스리는 면을 중시해 마시는 방법을 엄격히 해왔다. 격식을 갖춘 하나의 예법으로 자리하게 되면서 차는 그것을 나눌 공간을 잃었다.

커피와 차의 엇갈린 운명

커피에 대한 최초 기록은 아라비아의 의사이자 철학자, 라제스(865~925)에 의한 기록으로, "반캄은 자극적이면서 산뜻한 맛을 가졌으며 위장에 매우 좋다"라고 적었다. 이때 커피 열매를 '반'이라 불렀고, 그 열매를 우려낸 액체를 '반캄'이라 했다. 당시 커피는 약용으로, 열매를 우려먹는 차의 형태로 음용되었다. 그러다가 1400년대 중반 중동을 중심으로 커피점이 생겨났는데, 콘스탄티노플(이스탄불)의 '카페 카네스(1554)'가 대표적이다. 1600년대 이슬람을 거쳐 베네치아 상인들에 의해 유럽에 전해졌지만 그때까지도 약용으로 인식되었다.

비슷한 시기 실크로드의 수만 킬로미터를 넘어 온 중국의 차는 서양인들에게 귀한 손님이었다. 이 귀한 감로수를 본국의 방식대로 마시려면 도자기가 필요했기 때문에 송나라에서 도자기를 수입했다. 하지만 비싼 가격 때문에 유럽의 도자기 기술은 발전할 수 있었고, 운송선도 클리퍼선(범선)에서 기선으로 발전했다.

1720년에 베네치아의 산마르코 광장에 '카페 플로리안'이 문을 열었는데 괴테, 루소, 쇼팽, 나폴레옹 등이 단골이었다. 카페는 대중들의 명소가 되었고, 커피는 유럽인의 일상으로 자리 잡았다.

거의 동시대에 유럽에 도착한 차와 커피의 운명을 가르는 역사적 사건은 미국 독립운동의 계기가 되기도 했던 보스턴 차사건(1773년)이었다.

당시 영국 식민지였던 미국은 영국의 영향으로 차를 마시는 것이 보편화되어 있었고, 차 수요의 증가로 늘어나는 밀무역을 막고 경영난에 허덕이던 영국 회사에 독점권을 부여하는 관세법을 만들어 미국에 팔도록 했다. 이에 반대하는 영국 급진파가 반발하며 불매운동을 벌였고, 급기야 배에 실린 차를 바다에 버리는 사건이 벌어졌다. 이에 영국은 다른 식민지인들의 반발에 대한 경고로 보스턴 주민들을 가혹하게 응징했다. 보스턴은 1689년 미국 최초의 커피 하우스가 문을 열었고, 1697년 문을 연 그린드래곤(Green Dragon)은 '혁명의 본부'로 불리며, 식민지 독립에 대한 욕구를 자극하는 미국 혁명의 장소가 되기도 했다.

폭발적으로 증가한 차 애호가들이 자유롭게 차를 마시지 못하게 되자 대체품으로 커피를 선택하면서 서로의 운명은 바뀌게 된다. 대항해 시대에 개척된 식민지 국가들의 커피 생산 기반이 뒷받침되었다. 산업 근대화로 제조업 노동자들의 도시 유입이 늘면서 카페가 성업했고, 커피의 카페인에 빠진 소비자들은 차에서 눈을 돌렸다. 이렇게 견고한 입지를 다진 커피와 달리 차는 예전의 자리로 돌아갈 자리가 없어졌다.

'누구나 어디서든 나눠 마시는' 공유의 매개체

어떤 상황을 파악하고 미래를 예측하기 위해서 가장 먼저 알아야 하는 것이 그 속성이다. 커피는 차와 다른 음료들과 마찬가지로 그냥 음료였을 뿐이다. 두 작물은 카페인이라는 성분이 있어 인간을 자극하고 끌어당겼다. 그렇지만 커피가 차와 다른 생명력으로 빠르고 깊게 뿌리내릴 수 있었던 것은 커피가 차와 다르게 특정 대상이나 마시기 위한 특별한 격식을 따지지 않았고, 누구나 어디에서든 모여 편하게 나눠 마실 수 있었기 때문이다. 음료가 생명력을 갖고 문화가 되기 위해서는 이 같은 '공유'

가 필요충분조건이다.

이웃 나라 한 도시에서 새로 생긴 질병일 뿐이라고 생각했던 코로나19가 전 세계를 블랙홀처럼 집어삼켰다. 커피 생산국가에서는 예전의 '커피 녹병'과 달리 커피 재배, 생산, 유통에 종사하는 사람들의 생명이 위협받아 커피 공급에 차질이 빚어졌다. 하지만 아이러니하게도 일부 주요 커피 생산국의 지도자들이 자국민의 생명보다 경제에 더 중점을 둔 덕분(?)에 전 세계 커피 공급 대란은 막을 수 있었다.

그렇지만 커피를 수입하는 소비국의 경제위기가 더 부각될 뿐 앞으로 커피 생산과 공급에 어떤 문제가 불거져 나올지에 대한 전망과 대책에 관해 진지한 논의가 이루지지 않고 있다. 커피 생태계는 소비자만 있는 게 아니라 생산자도 있다.

공유의 매개체인 커피와 카페의 속성에 대해 다시 한 번 생각해본다. 커피가 머물 자리를 찾지 못했을 때 커피는 어떻게 될 것인가? 포스트 코로나 시대에 함께 풀어야 할 고민이다.

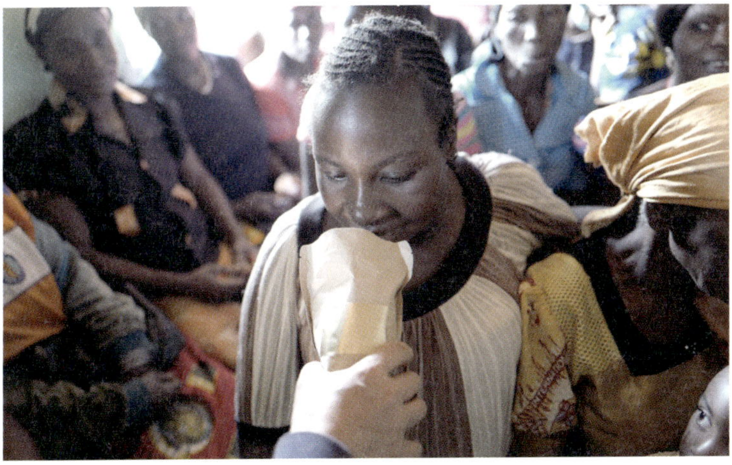

커피는 홀로 만들어지지 않는다

커피는 지배자의 역사에 의해 쓰였고 발전해 왔다. 기록의 대부분은 권력자, 지배자의 것이었고, 그들의 관점이었다. 우승한 커피, 농장(주)의 이야기는 있어도 어디에도 그 커피를 돌보고 수확해 하루 종일 결점두를 골라내고 1달러 정도를 받는 노동자들에 대한 이야기는 없다.

커피는 홀로 만들어지지 않는다. 1킬로그램 봉투에 약 4천5백 개의 품질 좋은 생두가 채워지기 위해서 2만 개가 넘는 커피 열매가 필요하다. 수십 명의 노동이 모아져야 커피를 얻을 수 있다. 몇 명의 농장주, 로스터, 바리스타의 노력과 실력만으로는 불가능하다. 노력에 대한 보상은 지배

자의 것만이 되어서는 안 된다.

공정함은 어떤 것을 바라보는 누군가의 저울이나 잣대가 아닌 누구나 가져야 할 관심과 노력이다. 공정함이라는 저울과 잣대를 들고 길이와 무게를 재면서 끊임없이 의심하기보다는 스스로를 한쪽 편으로 기울지 않게 시소의 중심축에 세워야 한다.

공정무역의 시작은 단정 지어서 말하기는 어렵다. 북미의 메노나이트 교회가 1946년 푸에르토리코 노동자를 위해 자수품을 판매해 주고, 영국 옥스포드대학의 옥스팜이 2차 세계대전 후 동유럽과 중국 난민들의 수공예품을 구매해 주었던 것을 계기로 1960년대 시민운동의 일환으로 단체들이 조직되어 활동하기 시작했다. 1988년 막스 하베라르(네덜란드)사가 멕시코산 커피에 공정무역 제품을 식별하기 위해 인증마크를 부착한 이후 공정무역 단체들이 인증마크를 만들면서 대중적으로 확산되었다.

미국과 유럽을 중심으로 퍼져나간 공정무역운동은 과거 식민지배의 정당성을 주장해왔던 이들의 반성이며 자본주의의 대안이었다. 세계공정무역기구(WFTO)가 1989년 창설되었고, 국제공정무역상표기구(FLO)는 1997년 출범했다. 한국에서는 2003년 아름다운가게가 인도와 네팔의 수공예품을 판매하면서 공정무역 운동이 시작되었다

결과의 판정보다 공평한 과정 살펴야

공정무역운동에서 공정함은 어느 단체와 기관의 기준에 의한 판정과 결정으로 끝나지 않아야 한다. 단체나 기관의 인증마크가 공정무역 제품

의 판별 기준이 되어서도, 판매 수단으로 공정무역이라는 단어가 활용되어서도 안 된다. 공평하게 균형을 맞추어 가려는 끊임없는 노력의 과정으로 발전되고 확산되어야 한다.

공정함은 누군가에 의해 주어지는 것도, 부여받는 결정도 아니다. 공정함은 공평하고 올바름이다. 영국에서는 2007년에 이미 국민 70%가 공정무역 마크를 이해하고 있는데 반해, 2008년 10월 한국 조사에서는 86.6%가 공정무역을 알지 못한다고 답했다(닐슨과 옥스퍼드대학 조사). 이때 세계 공정무역 인지 지수는 49%였다.

2015년 리서치기업, 마이크로엠브레인이 국내 19세 이상 성인을 대상으로 '공정무역 관련 인식조사'에서 공정무역에 대해 '들어봤거나 알고 있다'고 응답한 비율이 83.3%로 높은 수준으로 나타났지만, 이 중 공정무역의 뜻과 의미를 정확하게 아는 응답자는 26.1%에 머물렀다. 공정무역 내용이 좋아서 적극 동참하고 싶은데, 제품을 어디서 살 수 있는지 모르겠다는 응답은 70%였다.[8)]

공정무역이 사회 운동으로 확산되기 위해서는 단순한 제품 홍보나 판매처 확대를 넘어 공정무역을 올바르게 이해하고 지지하는 사회 분위기를 조성할 필요가 있다. 공정무역 인증제품 구매가 소비자의 우월적 만족에 소구하는 기업의 마케팅 수단이 되지 않기 위해서는 결과의 판정보다는 공평하고 올바르게 살아가려는 쉼 없는 노력의 과정을 살피는 인식 변화가 절실하다.

---

8) 출처 : 이로운넷(https://www.eroun.net)

생산자와 소비자의 균형

"2050년이면 커피 재배량이 절반 이상으로 줄어들 것이다." (영국 데일리 메일)

"중남미 커피는 2050년 88% 감소할 것이다." (미국 국립과학원)

"에티오피아 커피는 2070년 60%가 사라질 것이다." (영국 왕립식물원)

이런 뉴스는 기후위기라는 주제로 자주 다루어진다. 콜롬비아는 지난 30년간 기온 상승으로 인한 병충해로 생산량이 25% 정도 줄어들었

식용작물 재배를 위해 커피나무를 없애고 경작지를 정비하는 모습

다고 한다. 기후위기가 지구에서 커피를 사라지게 할까? 지구상에서 사라진 대부분의 것들은 인간의 지나친 관심이나 무관심에 의한 것이었다. 지나친 관심은 탐욕적 소비로 소멸시켰고, 무관심은 생명을 침범해 파괴시켰다.

커피에 대한 사랑은 2019년 기준, 약 1억 6496만 자루(1자루=60kg, 월스트리트저널)를 소비한 것에서도 확인된다. 커피는 단순히 가정에서 즐기는 음료가 아닌 거대 산업으로 발전했고, 한 집 건너 카페라고 할 정도로 단일 품목을 판매하는 가게로는 아마 가장 많은 숫자가 되었다. 지나친 애정은 커피 산지에 더 많은 생산과 가격인하를 요구한다.

커피산지 농부들은 최소 3년 이상은 키워야 수확할 수 있는 커피나무를 쉽게 버리지 못한다. 하지만 곧 한계에 도달한 그들도 서서히 커피나무를 베고 그 자리에 줄어든 소득에도 먹고 살 수 있는 식용 작물을 심는다. 이것이 1980년대 커피 생산량 세계 11위를 차지하던 카메룬 커피 산지 농부들의 선택이었다.

지구에서 함께 살아간다는 것은 지구의 모든 것과 공평해지려는 노력이다. 친환경 제품은 없다. 인간이 만든 제품은 자연에게는 모두 비(非)자연적이며, 비(非)환경적이다. 자연스러운 것은 없으며, 단지 인간스러울 뿐이다. 자연은 그 자체이다.

산업혁명 이후 지구의 온도는 1도 이상 상승했다. 가까운 예로 1903년대 한국의 사과 주산지가 대구에서 위도가 훨씬 높은 충주, 청주 등으로 이동했고, 2100년에는 강원도 정선, 평창 등 일부지역에서만 사과를 재배할 수 있을 것이라고 한다.[9]

---

9) 〈헤럴드경제〉, "기후폭탄의 시작..하얀 사과가 온다"(2020.12.03).

지나친 커피사랑에 대한 경고?

아라비카 커피의 체리는 낮은 기온에서 서서히 성숙되며, 밀도가 높아지고 신맛이 생성돼 다양한 맛과 향이 만들어진다. 하지만 기온상승은 커피 맛을 단조롭게 하고, 특히 병충해에 취약하게 한다.

기후위기의 가장 큰 요인 중 하나로 탄소배출량을 꼽는다. 커피 가공에는 많은 물이 사용된다. 생두 1kg을 생산하기 위해서 물 40~80리터가 소비되고, 이렇게 사용된 물은 과육 껍질과 무실리지(점액질)와 함께 흘려보내져 지역 하천과 지하수를 오염시킨다. 2020년의 커피소비량인 약 99억 톤을 처리하기 위해서 4천억~8천억 리터의 물이 필요한 셈이다.

한 끼 식사를 할 때 발생되는 온실가스를 계산해 주는 '한끼 밥상 탄소계산기'로 산출하면, 하루 1잔의 에스프레소는 0.3kgCO_{2e}의 온실가스가 배출되고, 자동차가 1.2km를 주행한 것과 같다. 1주일 동안 매일 에스프레소 한잔을 마시면 2kgCO_{2e}의 온실가스가 배출된다. 이는 자

동차가 8.2km 그리고 소나무 0.3그루가 1년간 흡수하는 이산화탄소의 양과 맞먹는다.[10)]

커피는 재배에서부터 건조, 가공, 로스팅, 포장, 추출 등 여러 과정에서 탄소발자국을 남긴다. 커피사업을 하는 사람이 이런 말을 하는 게 이상하게 들릴지 모르지만 커피 소비도 줄여야 한다. 그래야 재배작물의 생산 균형은 물론 적정한 가격을 보장해 생산자와 소비자의 균형을 이룰 수 있다. 지나치면 부족함만 못하다고 했다. 지나친 커피 사랑은 이별의 더 큰 아픔을 남길지도 모르기에….

10) 〈한국일보〉, 〈한 끼 밥상 탄소계산기〉(https://interactive.hankookilbo.com/v/co2e).

세계 소비량 6위, 1인당 353잔을 마시기까지

알싸한 아침 바람에 실려 오는 커피 향의 유혹은 떨쳐버리기 어렵다. 커피 한 잔을 앞에 두고 앉아 있는 것만으로 행복하기도 하다. 이처럼 커피는 일상이 되었다.

조선의 커피에 대해 기록한 최초의 문헌은 《조선: 고요한 아침의 나라(Choson: The Land of the Morning Calm)》이다. 한국에 사진술을 소개한 것으로 알려진 천문학자 퍼시벌 로웰은 조선을 방문한 뒤 1886

180 THE LAND OF THE MORNING CALM

have been invented; the more so, as the overflowed rice-fields would furnish the best possible of places for the pastime. Yet I neither saw nor heard of any. Even sliding upon the ice, which I was obliged to substitute in lieu of the more noble invention, was set down in their minds as a foolish foreign eccentricity. Indeed, the zeal with which not only friends and attendants, but even disinterested bystanders and lookers-on, endeavored to warn me off the ice, would have done credit to the hen with her obstinate duckling.

Pushing always forward, I found the ice perfectly firm everywhere, and reached without difficulty the *chevaux de frise* along the opposite shore. This I scrambled over, and climbed up the bank. Once on the bank, there was nothing to do but to return; for the bluff on which the house stood was, like most Korean suburbs, much better to look from than to look at. The mass was good enough; but at this distance the surface had an excoriated appearance, due to indiscriminate trampling.

We mounted again to the House of the Sleeping Waves to sip that latest *nouveauté* in Korea, after-dinner coffee. As we sat on the veranda, there stole up to us the ring from the ice as the fishers tramped over it, — that hollow booming sound, which always seems so to typify and enhance the deadness of a winter landscape. And then, as it was a simple dinner, one without the addition of geisha or other inducement to linger, we prepared to set out on the journey back to town, amid a flourish of trumpets and much handling of muskets on the part of the Governor's retinue.

《조선: 고요한 아침의 나라(CHOSON: THE LAND OF THE MORNING CALM)》

년 이 책을 썼다. 이 책에 따르면 로웰은 1884년 1월 추운 어느 날 조선 고위관리의 초대를 받아 한강변 별장에서 당시 조선의 최신 유행품이었던 커피를 마셨다.

영국 영사를 지냈던 윌리엄 칼스가 1885년 11월 조선에 들어와 조선 세관책임자 묄렌도르프 집에 머물렀던 이야기가 담긴 《Life in Corea》에도 "우리는 좋은 곳에 머물며 씻을 수 있고 커피를 마시는 사치스러움을 누리게 되었다"라고 기록되어 있다. 1895년 발간된 유길준의 《서유견문》에서는 "서양인들은 시커먼 숭늉을 물 마시 듯 마신다"라며 커피를 소개했다.

이런 내용들로 봐서 우리 땅에 커피가 첫발을 내딛은 건 서양 제국주의 열강들이 확장을 위해 힘썼던 1800년대 중후반 즈음이었던 것으로 보인다. 물론 그 이전에 서양문물을 접했던 교역상이나 관료들 중에는 커피를 맛본 사람도 있었을 것이다.

고종, 손탁, 이경손, 이상

서구 열강들의 제국주의 물결이 거셌던 시기에 한국에 커피가 전해졌고, 일상의 음료가 되기까지 아픈 역사가 스며있다. 고종은 1896년 2월 11일 일본의 살해 위협을 피해 러시아 공관으로 피신한 '아관파천' 이후 그곳에서 기거하는 동안 독일여성 손탁으로부터 양탕국(가배 또는 가비)을 접했다. 커피의 매력에 빠진 고종은 러시아 공관에서 나온 이후에도 덕수궁 내의 최초 서양식 건물인 정관헌에서 커피를 즐겼고, 당시 자신에게 극진했던 손탁에게 감사의 표시로 덕수궁 옆 정동의 건물 하나를 선물했다. 손탁 여사는 이곳에 '손탁 호텔'을 열며 1층에는 커피를 파는 카페테리아를 두었다. 이곳이 바로 '정동구락부'로 구미인과 개화파들의 사교모임의 주요 장소가 되었던 곳이다. 이 모임의 상당수가 '독립협회' 결성을 주도했던 인물들이었다. 이들은 이곳에서 서양의 변화와 점점 위태로워가는 한국의 운명에 대한 깊은 고민과 울분을 커피와 함께 했다.

한편 우리나라 최초의 서양식 호텔은 인천 대불(大佛)호텔이다. 일본인 호리 리키타로가 1888년 인천항 개항 이후 몰려드는 외국인을 맞이하기 위해 세웠다. 이곳에서도 커피를 팔았음은 물론이다.

커피가 대중들에게 전파되면서 다방(茶房)이 생겼다. 한 일본인이 1909년 '남대문역다방'을, 1927년 영화감독 이경손이 한국인 최초의 다방 '카카듀'를 열었다. 1928년에는 영화배우 복해숙이 '비너스'를, 1929년에는 극작가 유치진이 '멕시코'를, 1932년에는 조각가 이순석이 '낙랑파라'를 개업했다.

다방하면 빼놓을 수 없는 사람이 작가, 이상이다. 커피를 좋아했던 그는 '다방 덕후'였다. 1933년 금홍을 만나며 '제비', '쓰루:학', '69-유쿠리', '무기:맥' 등의 다방을 연이어 열었지만 그의 시 구절 "날개야 돋아라, 날자, 날자, 한번만 더 날자꾸나, 한번만 더 날아보자꾸나"처럼 제대로 한번 날아보지 못한 다방들은 모두 문을 닫았다.

우리 커피 문화에 영향을 주었던 일본에는 1700년경부터 네덜란드에 의해 나가사키, 아오모리 등을 중심으로 개항이 되면서 커피가 전해졌다. 1888년 나가사키 출신인 쵸 나가요시가 처음으로 도쿄에 "공동으로 지식을 배울 수 있는 새로운 장소를 제공 한다"는 슬로건으로 '고히차칸'이라는 '기사텐(끽다점; 다방)'을 열었다.

일본은 1960대년부터 이미 자신의 카페에서 직접 커피를 볶는 '자가배전'으로 커피를 제공했다. 독일 멜리타 여사가 1937년 개발한 '멜리타' 드리퍼를 발전시켜 '하리오, 고노, 칼리타' 등 드립기구를 만들어냈다. 그런데 아이러니한 것은 도자기로 만들어진 하리오 드리퍼는 1600년대 아리타 현에 정착한 우리 도공들의 기술 덕분이라는 사실이다. 유홍준 박사가 "고대사에서 한국에게 트라우마가 있는 일본과 근대사에서 일본에게 트라우마가 있는 한국이 이를 서로 인정하고 받아드릴 때 양국은 개선과 더 큰 발전을 가져올 수 있을 것이다"라는 말처럼 양국의 관계도 커피를 두고 풀어가 보면 어떨까 생각해본다.

인스턴트커피 대세 속 로스터리 카페 명맥 이어

다방 간판은 이제 시골 읍내나 오래된 상가 골목에서 찾아볼 수 있을 뿐이고, 그 자리를 카페가 차지했다. 카페는 1962년 6월 2일자 〈동아일보〉에 실린 "남국의 기분을 내보실까? 서울시청 앞 이색 카페"라는 광고에서 등장한다. 이 즈음부터 카페라는 상호가 사용되기 시작한 것으로 보인다.

인스턴트커피는 1950년대 한국전쟁을 거쳐 1968년 동서 커피의 '맥스웰 하우스'를 시작으로 가정에서 귀한 손님을 대접할 때 사용되었다. 맥스웰 하우스 커피의 빈 병은 도시락에 김치를 담는데 활용되며, 김치 반찬의 자존심을 세워 주기도 했다.

1970~80년대, 커피하면 단연코 믹스커피다. 1975년 세계 최초로 '맥심' 믹스커피가 개발되었고, 시골 할머니도 "커피는 못 마셔도 믹스커피는 마신다"고 할 정도로 한국의 믹스커피 사랑은 대단하다. 1947년 미국에서 개발된 커피 자판기가 일본을 거쳐 1980년대 한국에 본격적으로 들어와 학교 매점과 골목길 모퉁이에도 설치되었고, 이곳에서 프림과 설탕이 들어간 달달한 커피는 생활의 일부가 되었다.

1988년 서울올림픽을 앞두고 1987년 정부는 수입규제 자율화 품목에 커피를 포함시킴으로써 공장에서 대량으로 볶아지거나 가공된 인스턴트커피가 아닌 갓 볶은 커피를 마실 수 있게 되었다. 한국 로스터리(자가배전) 카페의 태동은 1968년 11월 25일 문을 연 춘천 '이디오피아 벳'으로 알려져 있다. 당시에는 커피를 마시는 사람도 적었고, 소량의 커피를 에티오피아 전통 로스팅 방식으로, 팬을 사용해 로스팅했다. 현대식 로스터를 사용한 로스터리 카페는 커피수입규제가 해제된 1988년 혜화동의 '가배 보헤미안' 등에서 시작되었고, 한국 커피의 1세대로 불리는 박이추 대표는 "온전히 마시는 분의 휴식, 자유 그리고 삶에 기여하는 커피, 마시는 사람의 행복을 생각하는 커피를 하겠다"는 철학으로 30년 넘게 한결같이 매일 자신이 볶은 커피를 직접 내려주고 있다.

2천년대 들어 급변한 한국 커피문화

한국 커피시장과 커피문화는 1999년 당시 한국 문화의 '옴파로스(Omphalos; 중앙, 중심)'로 불리던 이화여대 앞에 스타벅스 1호점이 문을 열면서 2000년 밀레니엄과 함께 급변한다. 한국은 현재 세계 커피 소비량 6위, 1인당 연간 353잔을 마신다. 세계 평균 132잔의 2.7배나 된다. 커피전문점은 미국(261억 달러), 중국(51억 달러), 한국(43억 달러)로 세계 3번째 규모다.[11] 국내 기술로 개발된 커피 관련 기계들과 기구들도 해외에서 좋은 평가를 받고 있고, 국제 라떼아트 대회, 바리스타 대회에서 우승자를 배출하는 등 세계가 놀랄 만큼 빠른 성장을 이루었다. 카페 규모가 수천 평, 심지어 1만 평이 넘는 시설을 갖춘 곳들도 있을 정도다.

11) 2018년 현대경제연구원, 유로모니터

커피 산지에 자신의 커피농장을 두고 그곳에서 재배한 커피를 수입하는 곳들도 늘고 있다. 심지어 국내에서 하우스 시설 재배를 통해 견학용을 넘어 한국 커피로 판매할 정도로 규모를 갖춘 곳들도 생겼다.

하지만 잊지 말아야 할 것은 커피는 단순히 자본과 기술에 의해서만 성장하며 지금에 이르지 않았다는 점이다. 커피의 매혹적 향기가 만들어지기까지의 역사는 쓰다. 새콤달콤한 문학과 예술의 낭만적 에피소드 뒤에는 고단한 삶이 있었다.

리스크와의 동행, 고단한 6개월

커피 수입을 하고자 할 경우에는 좋은 커피와 신뢰할 만한 수출업체를 만나는 것만큼이나 수입 업무에 대해 아는 것이 중요하다. 아무리 좋은 커피와 수출업체를 찾았다고 하더라도 결국 그 커피가 내 창고로 문제없이 들어와야 되기 때문이다.

수입의 과정은 내가 그 물건을 현지에서 직접 사서 들어오는 것이 아니기 때문에 수많은 과정에서 한 가지만 문제가 발생해도 큰 손해를 입게 된다. 그러므로 커피 수입을 생각하고 있다면 최소한 수입 절차와 과정에

대해 알고 있어야만 과정상 발생될 수 있는 문제를 사전에 대비하고 발생된 문제에 대해 신속히 대처할 수도 있다.

필자는 무역학을 전공했지만 실무에서는 남들보다 몇 가지 용어에 대해 조금 더 이해하기가 쉬웠을 뿐 사실 별 도움이 되지 않았다. 매년 커피 수확이 시작되고 다음해 수입량을 결정하는 것부터 시작해 창고로 입고되기까지 거의 반년은 늘 긴장의 시간이었다. 8시간의 시차로 수시로 새벽잠을 설쳤고, 사전에 아무리 점검을 해도 서류가 맞지 않거나, 선적이 지연되거나 컨테이너 운송량이 많아 해외에서 환적이 하염없이 길어지거나 하는 문제는 매년 발생했다.

커피 수입업은 특히 자본에 좌우된다. 매년 한 해 전체량에 대한 대금을 지급하고 수입, 보관하면서 1년 또는 그 이상 동안 분할해서 판매한 대금이 회수된다. 1차 농산물 유통은 부가가치가 낮다. 다음해에 팔 커피를 수입하기 위해서는 자금이 또 필요하다. 거래처가 늘어나고 수입량이 늘어나는 만큼 계속해서 필요 자금의 규모는 커진다. 회수되지 않는 매몰 비용도 많다.

소규모 생두 수입업체들은 이 문제를 해결하고자 생두를 가공해 원두로 납품하거나 카페를 운영해 부가가치를 높이는 방법을 선택한다. 하지만 커피 수입유통, 원두 가공유통, 카페운영은 커피를 가지고 하는 사업이라는 공통점이 있지만 각기 다른 영역이다. 하나의 사업에 집중해도 성공하기가 쉽지 않은데 2~3가지 사업을 동시에 하는 것은 리스크를 분산시키기보다는 더 다양하고 많은 리스크에 직면하게 한다. 카페를 운영하며 더 좋은 품질의 값싼 커피를 제공하겠다며 직접 커피를 수입하려는 경우가 있는데 충분한 자본, 수입과 경영에 대한 시스템 분할이 갖춰져 있지 않으면 사업 전체의 위기로 이어질 수 있다.

커피 수입 절차(FOB 계약조건 시)

순번	업무	비고
1	수출자에게 인보이스(Invoice)와 패킹리스트(Packing List)를 받는다.	
2	인보이스 첨부, 수입대금 송금(사업자등록증)	
3	수출자에게 BL(선화증권) 발행 전 총중량(Gross Weight)와 순중량(Net Weight)이 BL에 명시되었는지를 반드시 확인한다. 국가별 표준 단위로 적재수량이 표기되었는지도 확인 (예, 에티오피아 1bag= 60kg, 케냐 1bag=170kg)	
4	Original BL 3장과 3종 서류의 수량, 중량 모두 일치하는지 여부 확인	① Certificate phytosanitaire ② Certificate of origin GSP ③ Certificate of origin ICO
5	Original Packing List, Invoice를 받는다.	
6	수출자에게 수입통관서류 원본 요청	① Original B/L 3장(뒷면 회사 명판 및 날인) ② Certificate phytosanitaire ③ Certificate of origin GSP ④ Certificate of origin ICO 위 서류 선사 발송 또는 포워딩 업체로 등기 발송
7	수입 15일 전까지 해외제조업체등록 (2년마다 갱신)	매년 수입업자보수교육 이수
8	포워딩 업체(수입대행회사) 선정	5번 항의 원본 서류와 아래 서류 포워딩 업체에 발송 • 빈 용지에 직인 및 날인 • E-D/O 위임장 직인 및 날인 • 관세사 위임장 직인 및 날인
9	D/O Invoice(해상운송료 납부) 발행 요청	• 선사에 Invoice를 요청, 입항 1일 전 발행됨 • Invoice는 해상운임료와 선하료가 구분되며 • 달러와 원화로 구분해 송금 결제 후 입금확인증에 B/L 번호 기재 후 선사에 팩스 발송 (국내입항료는 원화, 컨테이너 해상운임은 달러로 결제)

순번	업무	비고
10	DEM(디머리지) 기간 요청 메일 발송	• 입항 시 : 입항일 포함 7일로 계산해 요청 • DET(디텐션; 선사 컨테이너 반출 무료 사용기간) : 선박에서 반출일로부터 4일 이내 무료. 보통 바로 반납되므로 별도로 신청하지 않아도 됨
11	컨테이너 선박 도착 접안 완료	(이하 작업은 지정한 포워딩 업체에서 진행) • 컨테이너 하역 보세창고 지정 입고 BL 총중량, Net중량과 수량이 안 맞을 경우 : 통관정보 수정 건으로 보세창고 입고 시 실계측량으로 정정(보세창고에 이상 보고)이 되어 별도로 BL 수정재발급은 불필요 • 적하목록 변경 요청 : 부산세관장, 선사에 사유서(창고에 이상보고 완료되었다는 내용을 담은) 제출하고 이와 관련해서는 선사 쪽 담당자와 연락
12	보수작업	수입제품에 한글표시 스티커 부착 작업(해외에서 진행한 경우 필요 없음)
13	검역이 필요한 경우 검역 대행	• 농산물 및 기타 식물검역이 필요한 물품 (식물검역) - 입항 관할지 농림축산검역검사본부 - 검역 불합격시 반송 또는 폐기 • 식품 등 수입신고 대행 업무(입항 관할지 식약청) - 100kg 이상 최초 수입 시 별도 정밀검사 실시 - 최초 정밀검사 결과 부적합 시 반송 또는 폐기
14	수입통관(검역/ 검사 모두 합격 처리 후)	입항지 관할 세관
15	비용 정산	해상운임,통관,운송비 등 포워딩 업체 최종 정산
16	배차 및 배송	창고 입고 완료

극복하기 힘든 오류와 한계 감안해야

우리가 느끼는 맛은 외부적 환경과 이를 받아들이는 인체의 감각 기능에 의해 인지된다. 커피를 수입하기 위해 커피 산지에서 커핑(cupping: 커피의 향과 맛을 평가)을 할 때 가장 염두 해 두어야 하는 것들에 대해 이야기하고자 한다.

우리가 어떤 것을 선택하고 결정하는 데에는 많은 요인들이 작용한다. 그 중에서 가장 크게 영향을 미치는 것이 심리 상태이다. 일상의 예로 집에서 별 맛이 없던 김치와 밥도 소풍을 나가서 먹으면 훨씬 더 맛있게 느껴진다. 이것처럼 우리는 늘 상황에 따른 심리 변화로 평가의 오류를 범하며 살아간다. 예를 들면 산지에서 갓 수확한 커피라서 신선하고 좋을

것이라는 '기대오류'나 커피 산지에서 그리고 현장에서 직접 커핑하는 상황이라는 자극에서 오는 '자극오류' 등이 있다. 사실 전문가들조차 극복하기 어려운 오류들이다.

커피 산지는 해발 600m~2,100m에 위치한 고산 지대로 이곳에서의 커피 로스팅과 커핑은 앞서 언급한 심리적 상태 변화와 함께 낮아지는 기압에 따른 인체 감각 기관의 변화인데, 특히 기압이 낮아지면 우리 인체의 내부는 팽창하며 감각세포가 있는 '미뢰'가 둔해져 맛을 제대로 인지하지 못하게 된다(아래 표 참조). 그리고 커피 자체의 물리적, 화학적 변화가 발생하게 된다. 그러므로 커피 산지에서는 전혀 다른 커피를 평가하는 것이라고 해도 과언이 아니다. 물론 수입된 커피를 평가하고 구매하기 위한 비즈니스 커핑에서도 심리적 요인에 따라 '후광효과'나 '순서오류', '위치오류', '대조오류', '중앙경향오류' 등도 일어난다.

해발 고도에 따른 물의 끓는 온도와 기압의 변화

고도	물이 끓는 온도	압력
0ft(0m)	100℃	760mmHg
3,000ft(914m)	96.9℃	677mmHg
5,000ft(1,500m)	94.8℃	629mmHg
7,000ft(2,134m)	92.7℃	582mmHg

산지와 소비자 평가는 분리해서 판단

이러한 평가의 오류는 설령 커피 산지에서 아무리 다수의 객관적 평가를 통해 커핑 점수와 컵 노트가 나왔다고 하더라도 각자 본국으로 귀국 후 수입된 커피를 평가할 경우 다른 평가와 결과를 가져올 수 있음을 항상 염두에 두어야 한다는 것을 의미한다.

따라서 커피 산지에서의 평가와 수입된 후 소비지에서의 커피 평가는 분리하여 보는 것이 좋으며, 수입 전 산지에서의 평가는 단지 참고자료로 생각하는 것이 좋다. 예로 갓 수확된 시기에 좋았던 커피가 수입되어 저장 보관상의 문제가 없었음에도 수개월이 지난 후에 급격히 맛이 변하는 경우들이 있다.

변화요인을 찾아내 통제, 관리하는 것도 중요할 수 있지만 변화를 이해하기 위해서는 인간도 자연의 생물이며, 커피 역시 생물로 시간과 환경에 따라 변해간다는 것을 이해하고 늘 현재에서 최선을 찾고 만족하는 자세가 더 중요하다고 생각한다.

유기산 인지와 인지변화

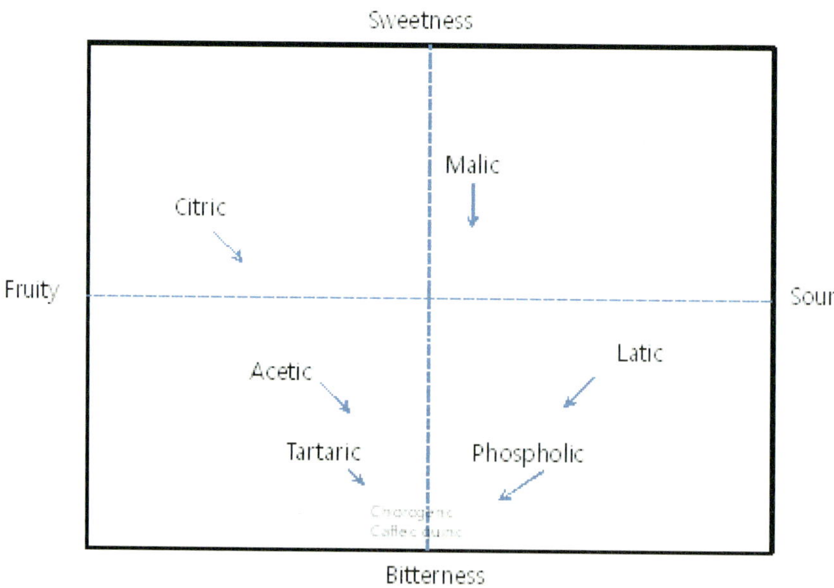

재배지와의 동행이 필요할 때

문화는 어떻게 만들어졌을까? 문화(Culture)의 어원은 경작(Cultivation)이다. 인류가 무언가를 농사짓기 시작하면서 문화가 만들어지기 시작했다는 의미이다. 그 중에서 커피는 기호식품 이상의 문화로 불린다.

커피 문화를 제대로 이해하기 위해 커피 산지를 알아가는 건 자연스러운 일이다. 커피의 기원과 전파과정에도 깊이 있는 이야기가 담겨 있지만, 내가 좋아하는 커피 산지의 환경과 그곳에서 살아가는 사람들에 대해서 알 필요가 있다. 커피의 맛은 재배 환경에(Culture=Cultivation)에 달려있기 때문이다. 자연적 재배 환경뿐만 아니라 경제적, 사회적 환경이 그 맛을 좌우한다.

만약 당신이 좋아하는 커피가 누군가의 착취로 얻어진 '눈물의 커피'라면? 우리는 문화를 이야기할 때 공정함과 나눔을 떠올리고, 문화적 가치를 생각한다. 그러나 커피 산지의 현실은 그렇지 못한 곳이 여전히 많다.

맛은 이야기다. 그 음식이 얻어지고 만들지는 과정이 흥미로울수록 그 맛은 기억 속에 보관되어

숙성 되어간다. 값싸고 맛있는 커피를 감별해내고 더 맛나게 볶아 내려진 커피를 찾아내는 것만큼 좋은 기억으로 남을 이야기를 찾는 일도 중요하다.

자본 중심 사고의 위험성

변화무쌍한 자연과 소비자의 기호, 냉정한 자본에 맞서야 하는 농부와 카페의 삶은 맞닿아 있다. 결국 생존이 문화가 된다. 그래서 먼저 재배지(Cultivation)가 무너지지 않도록 하는 관심이 필요하다. 좋은 문화는 애정과 정성으로 심고 가꾸어 잘 키워내서 이것을 나누고 물려주고자 했던 사람들의 역사였다.

문화의 사대주의는 자주성을 버리고 힘과 시대에 순응해 따라가는 것이다. 자원 채굴의 시대에 문명과 문화가 자본에 의해 파헤쳐지고 있다. 커피 생산지나 소비지 모두 커피 문화의 발전을 자본을 그 중심에 두고 생각하는 사고에서 벗어나야 한다.

문명과 문화는 불편함과 새로운 것에 대한 인간의 순수한 소망과 욕망이 함께 버물어져 축적된 것이다. 그중 욕망은 문명의 화석이 되었고, 순수한 소망은 오래도록 이어지며 문화가 되었다. 문화는 결코 자본적이지 않았다. 자연적이지 않은 것을 자연은 자연으로 되돌려 놓는다.

커피 산업의 자본주의적 팽창은 결국 빅뱅을 가져올 것이다. 커피가 지구에서 살아가고 있는 인간 사회가 함께 누리는, 가치 있는 산물이 될 때만이 미래도 있을 것이다.

[부록]

카메룬 커피 로스팅

품종	티피카, 블루마운틴, 자바
평균 밀도	750 ~ 920
수분율	10.5 ~11.8%
가공방식	내추럴, 펄프드내추럴, (세미)워시드, (풀리)워시드

카메룬 북서지역은 화산 폭발로 해발 4,050m의 카메룬 산이 생기면서, 동쪽으로 길게 아다마와(Adamawa) 고원이 만들어졌는데 커피산지는 대부분 이곳에 위치해 있다. 적도와 그리 멀지 않지만 기온이 우리 늦여름 날씨와 비슷해 아침저녁으로는 기온이 10℃ 이하까지 떨어질 때도 있어 쌀쌀하지만 한낮은 30℃ 이상으로 올라 덥다. 기후는 우기와 건기로

나뉘며 강수량이 풍부하고 토양은 화산토와 황토로 비옥해 과일이나 야채 재배가 잘 된다. 큰 일교차는 커피 과육의 조직을 단단하게 하고 신맛과 단맛의 조화를 만들어 내기에 최적의 환경을 제공한다.

카메룬 티피카는 생두 크기가 대체로 큰 편이다. 스크린사이즈는 아라비카는 E(20이상), A(18이상), AB(17이상), B(17), C(피베리), D(16이상), N(13) 등으로, 로부스타는 GG(18이상) G1(16이상), G2(14이상), G3(10이상) 등으로 구분된다. 생두 모양은 가운데 폭이 좁고 길쭉하며 끝이 뾰족하다. 산지의 고도가 높은 편에 비하여 열 흡수가 잘 이루어져 크랙 시 소리가 명쾌하고 조직 팽창이 크다.

카메룬 블루마운틴과 자바는 생두의 크기가 크고 둥근데, 자바가 좀 더 크다. 자바의 잎은 폭이 넓고 둥글게 생겼다. 로스팅 시 재배지의 고도와 생두의 밀도에 비해 생두 사이즈가 커서 열 흡수가 빠르다. 크랙 시 소리가 크고 명쾌하여 크랙 구간 구분이 쉽다.

가공 방식에서 워시드의 경우 대부분 각 개인 소농들이 자신의 마당에 있는 작은 수조를 사용한다. 수조의 크기가 작고 발효 시간이 12시간 정도로 여러 수조를 거치며 씻겨 나가지 않아 과육이 충분히 발효, 제거되지 않아 세미 워시드의 형식이라고 할 수 있다. 밀링 가공 시에도 폴리싱을 하지 않아 실버스킨이 생두 표면에 많이 남아 있어 생두 색은 약간 노란빛을 띤다.

커피의 성분 중 탄수화물의 비중이 높아 열에 의한 당으로의 전환율이 상대적으로 높다. 로스팅 시 고도에 비하여 큰 빈의 사이즈는 열 흡수력을 좋게 한다. 단, 로스터기 내부의 복사열과 대류열이 충분하지 않거나 잘 순환되지 않을 경우 실버 스킨이 잘 벗겨지지 않을 수 있다. 세미 워시드의 경우 겉껍질(chaff)이 많이 나온다.

생두의 조직 팽창이 큼에 따라 1차 크랙 시 빈 내부 조직에 만들어진 크고 많은 공간의 열주머니들에서 발생되는 자가촉매반응(auto catalytic reaction)에 의한 복사열로 2차 크랙까지 커피 조직의 약한 부분이 타는 칩핑(chipping) 현상이 발생하지 않도록 세심한 열 공급이 요구된다.

카메룬 커피의 가공 방식에 따른 로스팅 유의점

내추럴	당이 높아 열에 의한 전환 시간이 짧아 ROR(전체 로스팅 시간에서 1차 크랙 후 배출까지의 시간 비율)이 높아지는 점을 감안하여, 생두의 투입 온도를 워시드에 비해 10~15% 낮은 온도로 설정하여, 티핑(Tipping)이 발생하지 않도록 유의해야 한다. 그리고 1차 크랙 전 선재적으로 열 공급량을 줄여 주는 것이 좋다.
세미워시드	생두의 크기가 큰 편으로 생두에 고르게 열이 전달되기 위해서는 드럼의 충분한 예열이 필요하다. 하지만 지나친 열 공급으로 인한 드럼 표면의 과열은 스코칭Scorching을 일으킬 수 있으니 유의해야 한다. 중간에 열 공급을 조절하지 않고 가급적 물 흐르듯이 두는 것이 좋다.
로부스타	카메룬의 로부스타 역시 생두의 사이즈가 상대적으로 큰 편이라 로스팅시 열 흡수율이 좋고 빠르다. 하지만 다른 나라에 비해 로부스타의 밀도가 10~20% 정도 높아 충분한 대류열이 발생할 수 있도록 충분한 예열이 필요하다.

샤인위드컴페니언 직영 카페에서는 브루잉용 로스팅은 라이트에서 시티 직전까지, 에스프레소용 로스팅은 다크 직전까지만 로스팅한다. 강배전을 지양하는 건 단맛과 밸런스가 좋아 배전도를 높게 하지 않더라도 충분한 단맛과 부드러운 질감이 발현되어 낮은 배전에서의 향과 맛을 살릴 수 있기 때문이다. 브랜딩을 할 경우 풍부한 단맛과 부드러운 질감은 그 어떤 커피와의 조합과 비율에도 커피의 조화를 이루며 밸런스를 완벽하게 잡아준다.

inch/mm
OFF
ON
ZERO
mm

Lot [SG-0722] CM20002 Alongsi / Cameroon NaturalsBoyo: (cherryAlongsi dried)Estate, PeaberryBamenda.

Sample type	Arrival
S#	583 - 586
Weight	0 g
Initial Weight	0 g
Status	Not rated

Sensorial Analysis - QC-1800 - 2020-10-30 00:00 (The Coffee Quest - Amsterdam)

Average	84.13	Min (Value between average and lowest score)	-0.63
Max (Value between average and highest score)	0.62	Number of results that are taken into account for the average value	2

Evaluator	Ar	Fl	Af	Ac	Bo	Ba	Un	Cl	Sw	De	Ov	FS
Michiel Lampers	7.75	8.00	7.75	8.00	7.75	7.75	10.00	10.00	10.00	0.00	7.75	84.75
Friso Miguel Spoor	7.50	7.75	7.50	7.75	7.75	7.50	10.00	10.00	10.00	0.00	7.75	83.50
Average	7.50	7.75	7.50	7.75	7.75	7.50	10.00	10.00	10.00	0.00	7.75	84.12

Descriptors: Ar - Aroma, Fl - Flavor, Af - Aftertaste, Ac - Acidity, Bo - Body, Ba - Balance, Un - Uniformity, Cl - Clean Cup, Sw - Sweetness, De - Defects, Ov - Overall, FS - Final Score

Evaluator	Descriptors	Notes
Michiel Lampers	(+) Raisin, Cedar Wood, Cascara, Caramelized	Clean cup with interesting flavours and aroma's.
Friso Miguel Spoor	(+) Milk Chocolate, Dried Fruit, Strawberry	

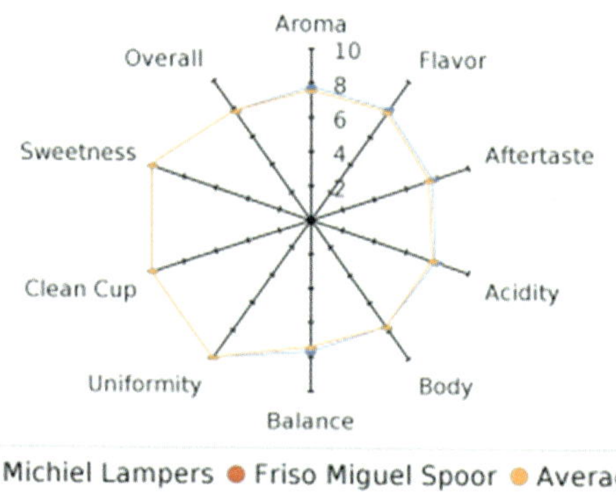

Sensorial Analysis - QC-1706 - 2020-10-30 00:00 (The Coffee Quest - Amsterdam)

Average	83.56	Min (Value between average and lowest score)	-2.06
Max (Value between average and highest score)	1.44	Number of results that are taken into account for the average value	4

Evaluator	Ar	Fl	Af	Ac	Bo	Ba	Un	Cl	Sw	De	Ov	FS
Emma Keyes	7.50	7.50	7.25	7.50	7.25	7.00	10.00	10.00	10.00	0.00	7.50	81.50

Cropster Printout created on 2020-11-05 11:33 3 / 26

(출처 : https://www.thecoffeequest.com/cameroon-update-2020)

Lot [SG-0723] CM20003 Oku/Tolon Cameroon HoneyBoyo: (Pulped Charitie's and Dried) dad's

Sample type	Arrival
S#	167 - 168 - 169
Weight	0 g
Initial Weight	0 g
Status	Not rated

Sensorial Analysis - QC-1801 - 2020-10-30 00:00 (The Coffee Quest - Amsterdam)

Average	85	Min (Value between average and lowest score)	-1.25
Max (Value between average and highest score)	1.25	Number of results that are taken into account for the average value	2

Evaluator	Ar	Fl	Af	Ac	Bo	Ba	Un	Cl	Sw	De	Ov	FS
Michiel Lampers	7.50	7.75	7.75	7.75	7.50	7.75	10.00	10.00	10.00	0.00	7.75	83.75
Friso Miguel Spoor	7.75	8.25	8.25	8.00	8.00	8.00	10.00	10.00	10.00	0.00	8.00	86.25
Average	7.50	8.00	8.00	7.75	7.75	7.75	10.00	10.00	10.00	0.00	7.75	85.00

Descriptors: Ar .. Aroma, Fl .. Flavor, Af .. Aftertaste, Ac .. Acidity, Bo .. Body, Ba .. Balance, Un .. Uniformity, Cl .. Clean Cup, Sw .. Sweetness, De .. Defects, Ov .. Overall, FS .. Final Score

Evaluator	Descriptors	Notes
Michiel Lampers	(+) Silky, Smooth, Milk Chocolate, Citrus Fruit	
Friso Miguel Spoor	(+) Nut, Golden Raisin, Jasmine Honeysuckle, Bakers Chocolate	very strong cup which boast florals and raisins next to chocolate, in a intense way Good creamy body, and amazing aftertaste good crisp acidity

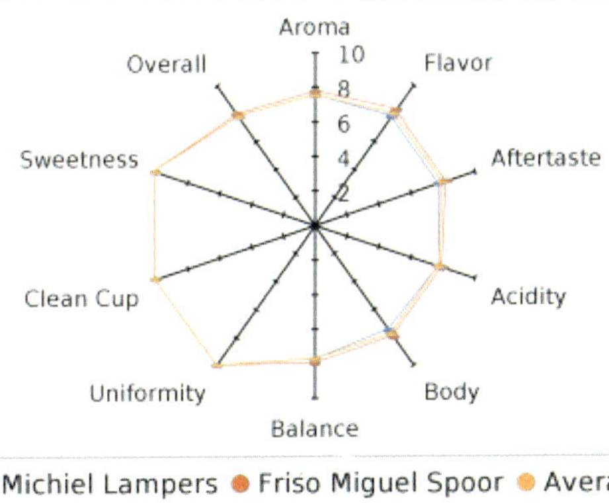

[참고문헌]

CAMEROON, ONCC-NCCB 사이트, 〈A Collection of Texts(커피시즌자료)〉.

Carles William Richard, 《Life in Corea》, Macmillan(1888).

ICO, web 통계자료실.

Davis AP 외, 《An annotated taxonomic conspectus of the Genus Coffea (Rubiaceae)》, 152쪽, 465~512쪽(2006).

Franc,ois Anthony 외, 《Adaptive radiation in Coffea subgenus Coffea L. (Rubiaceae) in Africa and Madagascar》, 61쪽, springerlink.com(2010).

Percival Liwell. 《Choson, The Land of The morning Calm》, Ticknor and Company(1885).

SCA (Specialty Coffee Association), "What is Specialty Coffee"(2016.04.01).

Robequain Charles, 《Le café du Cameroun》, 95쪽, Annales de Géographie(1949).

www.thecoffeequest.com/cameroon-update-2020.

강준만, "한국자동판매기문화의 역사", 월간 인물과사상(2008년 2월호).

다니엘 재피, 박진희 역, 《커피의 정치학》, 수북(2010).

마이클 샌델, 함규진 역, 《공정하다는 착각》, 와이즈베리(2020).

마크 팬더그라스트, 정미나 역, 《매혹과 잔혹의 커피사》, 73쪽, 을유문화사(2013).

박영순, 《커피인문학》, 인물과사상사(2017).

박창순, 육정희, 《공정무역, 세상을 바꾸는 아름다운 거래》, 시대의창(2017).

브리타 폴머 외, 최익창 역, 《스페셜티커피》, 30~31쪽, 160쪽, 커피리브레(2012).

안중혁, 《바리스타&로스터를 위한 커피향미분석》, 70쪽, 지식인(2017).

유승권, 《Roasting Craft》, 146~153쪽, 아이비라인(2016).

장 니콜라스 윈트겐스 외, 최익창 역, 《커피 생두》, 127~128쪽, 212쪽, 커피리브레(2015).

최낙언, 《과학으로 풀어본 커피향의 비밀》, 198쪽, 서울꼬뮨(2014).

최중석, 《사회적경제학》, 103~104쪽, 좋은땅(2019).

키스 브라운, 이은숙 역, 《공정무역이란 무엇인가》, 김영사(2014).

탄베 유키히로, 윤선해 역, 《커피 과학》, 31쪽, 황소자리출판사(2017).

한겨레신문, 〈Economy Insight〉, "추악한 비즈니스, 커피제국주의", 34~35쪽(2017.11).

헤럴드경제, "기후폭탄의 시작..하얀사과가 온다"(2020.12.03).

히로세 유키오, 마루오 슈조, 호시다 히로시 공저, 박이추·서정근 공역, 《커피학 입문》, 222쪽, 330~333쪽, 광문각(2014).

커피캐스팅 COFFEE CASTING

커피 그 이상_함께 숨쉬다

1판 1쇄 | 2022년 1월 14일
지은이 | 안광중 (주)샤인위드컴페니언
펴낸이 | 손인수
교정·교열 | 조경숙
일러스트 | 김도윤
디자인 | 김성환
인쇄 | ㈜쌩큐컴퍼니

펴낸곳 | ㈜벼리커뮤니케이션
등록번호 | 제16-4156호
등록일 | 2007년 3월 26일
주소 | 서울시 강남구 역삼동 테헤란로 313, 1313호 (역삼동, 성지하이츠1차)
대표전화 | 02-2051-5765
팩스 | 02-6007-1592
홈페이지 | www.byuri.co.kr

ISBN 979-11-90063-12-8 03300

* 책값은 뒤표지에 있습니다.